湛庐CHEERS

与最聪明的人共同进化

HERE COMES EVERYBODY

这就是微学习

[美] 卡尔·卡普
Karl M. Kapp
罗宾·德费利斯
Robyn A. Defelice 著

钱思玎 译

MICRO-LEARNING

浙江教育出版社 · 杭州

前 言

为什么微学习如此重要

我们曾经认为“写一本关于微学习理念的书”这一想法有些荒谬。难道不应该一边梳理微学习理念，一边投入实践，直接开发相关课程吗？毕竟，书是需要你安心坐下，并花几个小时反复阅读的。相比其他图书，这本书更像是一份完整的培训计划。那我们为什么不把知识内容分成小块，用幻灯片来呈现，添加一些注释，然后线上发布呢？这不就是微学习吗？

事情不是那么简单。所以我们决定写一本关于微学习的书，深入浅出地介绍什么是微学习，以及所有相关的学习理论与研究，从而为微学习项目的规划、实施、设计和评估提供可行的行动指南。

一种学习方式需要明确的基本原理、有效的理论学说和实践研究来支撑，并且需要人们分析和评估其整个发展过程。微学习已逐渐成为一种趋势，很多人都乐于使用这样的方式。然而我们发现，并不是所有人都知道如何参与微学习或为什么要使用这种方式。更重要的一个问题是：人们真的应该使用微学习这一方式吗？

如今，关于如何利用微学习方式设计培训内容，几乎没有什么书本资料能够结合时代背景提供明智又详尽的指引。在研究过程中，我们发现，关于这个话题，已经有大量的资料和信息可供查询，可惜至今并没有一本书能够全面阐明微学习的理念，帮助人们将微学习付诸实践。

我们只有在进行过前期研究或试点研究，确定了某种新的学习方式的价值后，才会向他人推行这种全新的学习方式。那么为什么要使用微学习这一方式呢？这就是我们写这本书的目的：将微学习前期的研究成果呈现给读者。

微学习似乎只是教学设计师手里诸多工具包中的一个工具。教学设计师们通常将各类工具合理地运用到教学内容设计实践中，先设计方案，然后再开展教学活动。然而，这种操作可能只适用于少数的教学内容设计。只有认识到不同学习方式之间的细微差别，才能更好地找到研究学习发展的标准方法。微学习也不例外，它也会对我们寻找研究学习发展的标准方法产生影响。

有些想法是荒谬的，比如认为微学习是一种快速而简单的学习方式，可用来改善、激活过时的学习计划。然而实际上，微学习方案需要花费与这类学习计划相同甚至更长的时间来开发和执行。这是因为，微学习通常会在一段时间内持续进行。如果你的组织不是为了标准化执行方案而开展微学习工作，就很可能会严重低估执行方案时所需的资源和时间。微学习并不总像在学习管理系统中上传一门课程或发布新课程通知那样简单，要创建、启动微学习计划，可能需要组织每周、每月甚至每季度都花费一定的时间。

我们想表达的意思是，从教学设计的角度来看，微学习与其他培训形式一样，需要学习者投入大量的精力。牢记这一点，将有助于防止微学习的失败。如果这种情况已经发生，那么我们希望本书能为你提供必要的信心，希望你能给微学习第二次机会，因为它的确值得！

《这就是微学习》对新手和专家来说都适用。你可以在本书中自行挑选关于微学习的实践方法，用以解答你最迫切需要解决的问题；你也可以仔细研究微学习这一课题，以便对此有更全面、更清晰的了解。

无论你对微学习这一理念是否熟悉，我们都建议你从第 1 章开始阅读。书中不仅提供了有关微学习的应用实例，还会进一步探讨什么是微学习、什么不是微学习，力图纠正有关这个话题的错误认知。此外，我们集结了一些关于微学习的定义，从中总结出一些共同的特征，并且归纳出一套微学习的实践标准。无论你是培训管理方面的专家还是新手，在阅读书中的章节时，都要考虑到不同的情景。

自第 1 章后，如何阅读本书便取决于你想了解怎样的信息、想做怎样的事情。如果你喜欢按照传统的方式阅读图书，那么这本书的编排方式很适合你。本书各章节的编排始终围绕着主题，有着清晰明确的逻辑主线。第 2 章探讨了学习理论及相关领域对微学习的作用。第 3 章重点介绍了微学习的实际应用情况。第 4 章会从“微学习为什么有效及如何让微学习实现最佳效果”的角度进行简单的介绍。在阅读这些章节时，若你能同步思考自己在未来该如何教学、培训、开发相关课题，那么你将更直观地了解到，哪些微学习的原理和实践案例与你的课题最为契合。

第 5 章到第 8 章涉及微学习产品实践操作的部分：如何搭建、设计、实施和评估微学习产品。为了更好地阐述每一章节的核心概念，我们结合了微学习的实际案例，这些案例都是由在微学习领域处于领先地位的同行分享的。目前，很多人已运用微学习做出了一番成就，这些案例都能佐证我们在本书中提出的观点。

在每一章中，我们不仅着眼于微学习的设计和开发过程对学习者的影响，还关注这个过程对开发人员的影响。经验告诉我们，鉴于组织的局限性和相互依赖性，我们必须务实地完成学习开发工作。学习开发人员希望为学习者提供最好的内容，所以要清楚地知道，自己必须在一定的约束之下开展学习开发工作。

在每个章节的末尾，我们总结了该章的主要内容，并设置了“微学习清单”板块。

希望本书能够激发你的创造力，让你看到在组织中实践微学习的无限可能。

目 录

第一部分　微学习的理论基础

Microlearning: Short and Sweet

第一部分

微学习的理论基础

第 1 章

微学习，
简洁且高效的学习方式

微学习思考

- 什么是微学习？
- 什么不是微学习？
- 高效微学习的案例有哪些？
- 微学习的优势是什么？

微学习的形式是一条简讯，还是一段影像？学习时长是否需要限制在 5 分钟内？是否只是由一门课程“拆分”成的更小的模块？这些模块是比一个面包盒大一些，还是比一个分子大一些？

这些问题都围绕着一个核心术语——“微学习”（microlearning），时至今日，这些问题仍鲜有答案。或者，更准确地说，我们几乎无法在同一个地方找到相关的回答。因此，我们尝试将所有关于微学习的释义、研究、实践、应用等整合归纳为一本指南，为你在创建并应用微学习时提供可视化的路径指引。所以，我们在此提供的是简明扼要的微学习内容。

微学习实践

我们先从微学习的实践案例说起。你在心里或许对微学习的定义已经有了点概念。请阅读下面几种场景案例，并比较一下，你对微学习的定义是否与这些场景的描述一致。并且你需要知道，这些定义可能并不适用于所有情况。如果你对微学习的定义尚且没有什么概念，那就请从下面的案例中了解更多关于微学习的含义。

案例 1：培养更健康的生活习惯

糖尿病是一种严重的疾病。幸运的是，许多有糖尿病先兆的人可以通过改变生活方式来预防Ⅱ型糖尿病，比如加强锻炼、少吃含糖食物、少喝含糖饮品，以减少糖分的摄入。为此，研究人员以葡萄糖耐量受损（Impaired Glucose Tolerance，IGT）的印度男性为研究对象，研究了微学习对转变他们生活方式的影响。

参与实验的人被随机分为两组：控制组和测试组。测试组成员通过手机短信学习，每天会收到两条鼓励他们健康饮食和锻炼的短信。控制组成员则需要接受一次性的标准化培训课程，课程内容包括如何健康饮食以及改善生活方式对预防Ⅱ型糖尿病的意义。

两年后，接受短信提醒的测试组成员糖尿病累计发病率要低于控制组成员，且两组的统计结果有明显的差异。实际上，神经科学家拉马钱德兰（Ramachandran）等人在 2013 年所做的一项研究表明，每日两次的微学习能够将人们患糖尿病的风险降低 36%。

案例 2：提升参与度，增加趣味性

洲际酒店集团（IHG）是一家全球化公司，该公司旗下拥有 9 个酒店品牌，分布在近 100 个国家和地区。洲际酒店集团的愿景是打造“宾客喜爱的酒店”，从而成为世界上最伟大的企业之一。它重视员工，坚信提供高品质服务是最重要的。所以，洲际酒店集团想对质量管理部门现有员工的培训进行探索创新。与此同时，它也希望能统一贯彻先前的执行标准，巩固并优化员工的知识体系。

洲际酒店集团决定使用一个名为 mLevel 的游戏平台进行创新。在此平台上发布的“任务”或提供的微学习模块会附有传统游戏的元素特征，如积分和排行榜，同时也会接入游戏界面。员工们可以一边玩游戏，一边学习质量管理的知识。

被选中接受培训的团队分别位于北美洲和拉丁美洲。每位团队成员（又称质量管理顾问）负责维护 60 ～ 70 家洲际酒店的服务质量标准。团队主管有两个目标：第一，吸引质量管理顾问积极参与培训；第二，通过比较质量管理顾问参与培训项目前后的知识体系，来评估培训成效。

结果显示，这个项目对团队有着激励作用。当问起团队成员玩这个游戏的动机是什么时，64% 的成员表示是深入了解品牌标准化的知识与技能，29% 的成员表示是出于自己乐于竞争、想争第一的心态。根据团队成员的调研报告反馈，我们得知，所有参与者均表示，他们对在未来的项目和流程推广中使用游戏和微学习的方式感兴趣。此外，92% 的参与者表示，自己会向同事推荐这种游戏化的解决方案。对于"是否享受学习过程"一问，88% 的参与者给出了肯定的答案。

案例 3：助力回顾产品使用说明

胡安早已参加过新产品的发布会，但在刚刚这一个半小时的网络研讨会中，他已经被海量信息淹没了。而现在，他需要记住产品的特征和功能，以便快速地将产品销售出去。可问题是，他几乎已经记不得上个月的产品发布会所展示的内容，现在又该如何去推销呢？

好在胡安所在的公司运用了一款新的培训软件来助力产品发布。连续 4 周，胡安每天都能收到短信——督促他完成 3 道关于新产品发布的多选题。这些问题都要计时回答，参与者需要快速作答。为了提升答题过程中的紧张感，参与者还需要和公司里的其他销售人员比赛。要想使自己的名字登上排行榜，他们就必须快速且准确地作答。

胡安表现得还不错，虽未荣登排行榜的榜首，但也没有垫底。对于这种机制，胡安最喜欢的一点是，在他每次打推销电话的时候，既往的答题内容能帮助他回忆起相关的产品信息和特点。他几乎能毫不费力地从学习过程中获取产品信息，甚至享受答题过程。比起他答对的问题，这款软件会更频繁地针对他之前答错的题目进行提问。如今，胡安正在学习公司网站上的信息，以便为回答后续问题做好准备。他下一步的目标就是提高自己在排行榜上的排名。

并非只有胡安一人注意到了这款软件的好处。事实上，他所在的公司也注意到使用这款软件的一些显著优势。首先，在参与了最初的 90 分钟线上研讨会之后，销售人员就能在真实情境中进行现场销售，而不必待在教室里或坐在电脑屏幕前学习枯燥的新产品信息。

其次，公司发现，与两年前发布的所有产品相比，这一次的产品发布后，销售团队以有史以来最快的速度为这款产品搭建了销售渠道。每天以小测验的形式向销售人员询问产品信息，不仅可以帮助他们强化产品知识，还能帮助团队快速高效地建立销售渠道。

案例 4：提示退货流程

对简来说，要记得每位顾客订单上的细枝末节是非常困难的，因为她只有两周的工作经验。她需要记得如何查询信用积分，如何在顾客不知道产品编号的情况下查找到正确的产品，以及如何在新顾客打进电话时正确地保存好原有订单，并新建一个订单。

第一次遇到顾客退货的订单时，简很紧张。她只依稀记得培训时讲过一些关于顾客退货的事情，但记不清具体需要她做些什么。简的手心开始冒汗。幸运的是，当她看着那一排未接来电时，她也看到了来电显示旁边的一个按钮，上面标注着“复习退货”。她按下那个按钮后，屏幕上出现了一个 15 秒的短视频，提醒她退货的步骤，以及顾客要求退货时需要具备的条件。

观看完视频后，简接起了顾客的电话。在两分钟内，她完成了退货处理，退还了顾客信用积分，并接起了下一通电话。

案例 5：常练习能取得好成绩

阿什利在学习有机化学时遇到一个问题：她很难回忆起所有的术语与定义。她记不清“离解”（dissociation）和“歧化”（disproportionation）的区别，更不用说“互变异构”（tautomerism）和其他上百个术语的释义了。她需要一个将脑海中这些概念整合到一起的方法论。恰好在这个时候，她有幸和聪慧的大一学生南希一同上了 3 节课。

某日吃午饭时，阿什利问南希，她是如何记忆有机化学的术语的。南希说她下载了一款教学卡片（flash card）应用程序，并将课本中的所有术语和相应的释义输入程序，每天做术语测试。南希还运用这个程序的追踪功能来复习她答对的和理解错了的定义。

教学卡片？阿什利对此心存疑虑。她认为这是小学生才需要的，并不适用于有机化学这样的高等教育学科。然而南希并不这样想，因为她认识很多化学和生物专业的大学生，他们也在使用这个应用程序，甚至她医学院的朋友也在使用这个应用程序。

阿什利决定试试这个应用程序，然后她惊奇地发现，在紧接着的一次有机化学考试中，自己的表现比之前好多了。如今，阿什利每堂课都会使用电子教学卡片，而且最近，她极有希望第一次获得优秀学生的荣誉。

当想到微学习时，你的脑海中立刻浮现的是上述案例中的应用场景吗？这些案例是增进了你对微学习的理解，还是使你觉得微学习的理念被局限了？

上述案例表明，其实每天只需要花几分钟的时间，你就能够改变行为习惯、增长知识、磨炼技能。你可以通过多样的形式，如游戏、小测试、教学卡片、视频和短信等来实现这一点，并创建快速、有意义的互动。你可以将微学习方式介绍给其他人，或者作为学习者，你可以运用微学习方式帮助自己成长。总之，微学习的成功是某个目标或目的、交互手段和传递机制共同作用的结果。接下来，我们将通过定义微学习来深入研究这些特性。

什么是微学习

研究结果表明，定义微学习并不如你想象的那般简单。当前的微学习理念在持续不断地发展与变化。供应商、教育机构和培训部门总是力图阐明那些模糊不清的理念。但当谈论到微学习时，许多人会问："微学习的定义到底是什么？"

其实，已经有许多专业人士给微学习下过定义，下面展示了其中的一部分：

- 卡拉·托格森（Carla Torgerson）是一位微学习领域的先锋，也是《微学习指南》（*The Microlearning Guide to Microlearning*）一书的作者。他认为"一条微学习内容的时长应该不超过5分钟"。
- 香农·蒂普顿（Shannon Tipton）是一位知识渊博的专家，在微学习领域享有盛誉。他的观点是："微学习平台需要满足人们在任何时间、任何地点学习的愿望，让人们能够自主掌控学习的节奏。微学习内容应当是简短又引人入胜的。但这并不是说，为了追求简短或更加聚焦，要一味地将培训'简化'。恰恰相反，如果运用得当，微学习也可以进行深层次的数据编码、成效反馈、实践回溯，而所有这些环节都是实现成功的知识交流和学习应用的必要条件。"

- 西奥・胡克（Theo Hug）提供了偏学术性的微学习理念。在《微学习教学法》（*Didactics of Microlearning*）一书中，赫尔姆沃特・赫尔德思（Helmwart Hierdeis）将胡克的微学习定义总结为"一种特定视角的表达，有别于宏观（覆盖课程整体层面）和中观（学习设计中的中级环节）的角度。它所指的是规模相对较小且时间受限的教学单元和活动"。从本质上来说，胡克并没有将微学习定义为中观或宏观的，微学习是最小的教学单元。
- JD・狄龙（JD Dillon）是微学习平台 Axonify 公司的首席学习架构师，在微学习领域已经深耕十余年。他对微学习的定义如下："微学习是一种培训方式，可以以简短聚焦的形式传递内容。为了行之有效，微学习必须自然融入每日的工作流程中，吸引员工自愿参与。微学习以脑科学为基础，即以人们实际的学习方式为基础，持续不断地渗透到员工所需的知识中，帮助他们取得成功，并最终推动能够影响特定业务结果的行为。"

- 学习专家威尔·塔尔海默（Will Thalheimer）所描述的微学习是“时间相对较短的（通常在几秒到 20 分钟之间，或在某些情况下至多 1 小时）与学习相关的活动，所提供的方法论可以是以下内容的任意组合，如内容展示、回顾、实践、反思、行为鼓励、绩效支持、目标提醒、信息劝导、任务分配、互动社交、诊断、辅导、管理层互动交流等，也可以是其他与学习有关的方法论”。

搜罗了这些见解和定义之后，我们对微学习这一理念有了更清晰的认知，所以在本书中，我们对微学习的定义是：**微学习是一个教学单元，提供一种简洁、有参与感的活动，这样的精心设计旨在让参与者从中获得某种特定的学习成果。**

现在，让我们研究一下这个定义中的各个基本要素：

- **教学单元。**教学单元是指从开始到结束的学习过程或提升性能的体验历程。参与者所需的一切都被囊括在教学单元内。其载体可以是一场学习活动、一段视频、一条短信、一份工作指南、一次性能提示或一张教学卡片。一个完整的教学单元应包含为实现预期结果所需的全部要素。换言之，一个完整的教学单元能够实现自我支撑。
- **简洁体验。**微学习的体验时间通常在几分钟内。至于具体的时长，业内人士并未达成共识。目前，微学习的时长从几秒到 1 小时不等。所以，一概而论的时间限定是行不通的。不同的学习或工作需求，所需要的时长自然有所不同。微学习体验的目标应当专注于如何获得某一项显著成果上，而无须关注任何无用或无关紧要的信息。为了保持聚焦的特性，微学习的形式必须是简洁的。

- **参与感。**如果没有某种特定的参与形式或方法去吸引参与者的注意力，微学习的价值就无法实现。当参与者的注意力被调动到微学习活动中时，他们就会自发地同意参与进来。微学习活动的参与形式可以是游戏化的（强迫参与），可以是由某个教育应用程序发出“嗡嗡”或“哔哔”的提示音（感官参与），也可以是参与者在各自的工作流程中产生“自己想要知道”的诉求（自发参与）。
- **活动。**被动地观看视频或心不在焉地阅读消息，并不算是创建一个活动，也不能产出理想化的成果。微学习的学习效果或参与者表现的提升，是某种行为或活动引发的直接结果。研究表明，参与者会在参加某个旨在强化学习效果的活动时习得绝大部分知识。此类活动可能如心理活动一般微妙，好比“为解决某个问题考虑 3 种解决方案”，或者如肢体动作一般简洁明了，好比“用扳手沿顺时针方向将螺栓拧紧即可”。
- **精心设计。**随意将 1 小时的课程切分成多个 5 分钟的片段就称其为微学习，并不能获得你想要的学习成果。设计微学习的过程必须是有规划性的，否则可能无法达到预期的效果。既然我们已经将大量的金钱和时间投入教育和企业培训中，就必须警惕学习成果不良且不可控的情况出现。

- **特定的学习成果。**在设计微学习时，首先要明确的一件事就是，微学习的培训效果应该是什么样的，例如使参与者能够通过某项测试、能够正确组装某种物件，或者能够以某种特定的方式行事。微学习的设计应当能够助力达成某种特定的结果。如果没有对应的学习计划，就很难实现这一目标。所以问题的核心将聚焦于如何设定可衡量的学习成果。

- **参与者。**值得注意的是，我们在这里有意识地避免使用“学习者”和“学生”这样的字眼。我们认为“参与者”更能说明这样一个事实，即参与微学习活动的人，很可能在活动结束时能够成功地组装自行车，却不会长期记得具体的操作步骤。微学习并不仅仅是学习。实际上，诸多微学习的案例都将重点放在了行为表现上。也就是说，重点是在体验完微学习活动之后，参与者会如何表现。

综合这些要素来看，微学习意味着一种短暂却引人入胜的体验活动，用以实现和达成某种特定的结果。正如微学习的诸多不同定义所强调的，微学习的意义并不受时间和内容的约束。

现在我们知道了什么是微学习。接下来，我们再讨论一下，什么不是微学习。

什么不是微学习

并没有一种学习方法能够在任何情景下都发挥作用，也就是说，并不存在一种适合所有人的学习解决方案。微学习也是如此。至此，下面几种特性并不属于微学习：

- **微学习不是一个新鲜事物。**尽管如今人们对微学习的兴趣日益浓厚，但实际上，一段时间以前就已经有人运用过这种方式。如果从绩效的角度看待微学习，那么格洛丽亚·格里（Gloria Gery）在她 1991 年出版的著作《电子绩效支持系统》（*Electronic Performance Support Systems*）中就有所提及；如果将教学卡片视作微学习的一种呈现形式，那么它的历史可以追溯到 19 世纪或 20 世纪。细想一下，在文字出现之前，人们会彼此分享一些关键性信息，比如哪里安全，哪里的食物可以吃，哪里可以找到水源。"共享内容对象"（sharable content object，SCO）作为"共享内容对象参考模型"（sharable content object reference model，SCORM）的重要组成部分，就等同于最小的教学单元。因此，微学习并不是一个全新的理念。随着移动科技的发展，微学习的应用也不断推陈出新、迭代更替。

- **微学习不是一个完整的学习生态系统。**微学习不应当被视为其他学习方式的替代品，比如课堂教学、线上学习、游戏化学习和情景模拟化学习等。相反，微学习是完整的学习生态系统的一部分，应当与其他学习方式结合使用，从而确保参与者取得预期的成果，习得或精通某种行为模式。我们不可能指望用一种学习方式去满足每一种教学需要。微学习不是万能的。

- **微学习不是资源库。**虽然资源库自有其价值所在，但它并不属于微学习。基于微学习的特性，微学习的重点应当放在某项学习或绩效表现的结果上。简单地查找资讯并不能算作微学习的应用。例如，如果某个员工访问“幻灯片共享中心”(SharePoint)[①] 并下载组织内部的幻灯片模板，或了解组织内部宣讲的风格，这一行为并不能算作微学习，因为这个员工只是把资源单纯地当作资源在使用。诚然，员工可能会从标准化的幻灯片制作中学到一些东西，但这些内容并不是出于教学目的而设计的。它们的设计初衷是确保企业风格的一致性并节约时间成本。此外，资源库并不会对最终的呈现结果有所要求，更不会教访问者如何去演示幻灯片。如果继续思考这个例子，你会发现，从很多

① 微软公司开发的门户站点，用以进行团队协作的一款软件。——译者注

方面来看，资源库只是起到了某一种作用，而学习的过程却不限于此，它有助于实现更大的目标。

- **微学习并不适用于所有的学习。**如果“萨利机长”——切斯利·萨伦伯格（Chesley B. Sullenberger）[①] 所有的飞行经验都是通过微学习习得的，那么他就不可能将那架使他陷入险境的空客 A320-214 飞机平安地降落在冰冷的哈得孙河上。他的深度学习经验是由多方面要素结合在一起形成的，需要从练习滑翔机开始，在飞行模拟器上苦练无数个小时，并结合飞行教员的经验进行学习。微学习并不会像其他学习方式那样帮助你串联知识点。微学习不是用来解决复杂问题的工具，也不是帮助你搭建专业知识或系统框架的工具。一项专业技能的习得需要在特定的情境下花费时间、积累经验，而这并不是微学习的目标。前文中胡安的例子可能会让你觉得，“他就是运用微学习更好地完成了销售呀”。然而，在那个案例中，胡安所接受的培训并不是销售技能的培训。他只是运用微学习来获得更多关于新产品的特性和功能的信息。微学习的确提升了胡安的销售能力，但仍有一些销售技能并未包含在胡安所参与的微学习培训中，比如如何处理争议、如何观察并分析潜在顾

① “萨利机长”是一位用一生的信仰寻求安全之路的英雄机长，同名电影改编自《最高职责》，该书中文简体字版已由湛庐文化策划，北京联合出版公司 2016 年出版。——编者注

客的肢体语言和语调。这些是更深层次的学习内容，但它们并不是微学习旨在实现的目标。

- **微学习不是学习形式的浓缩版。**你不能强迫别人参加由时长更久、形式更全面的课程切割而成的微学习课程。这就好比你不能简单地将原本 1 小时的课程内容分割为 5 分钟一节，然后再将课程界面调整为智能手机屏幕的大小。当你这样做的时候，实际产出的学习成果和原本 1 小时的课程相同，而在真正的微学习实践中，每一项学习活动或课程结束时，都会产出唯一的学习成果。组织有效的微学习活动是一项艰巨的任务。为了获得最佳的学习成果，前期必须进行大量的规划准备工作，从而确保微学习的设计和交付体验都是最好的。
- **微学习不是知识传播。**在设计微学习课程或大多数类型的学习培训时，要关注参与者的绩效表现和行为变化，这样会比仅仅关注课程内容或如何传授知识要有效得多。需要确定的是，你希望参与者做什么，而不是他们需要知道什么。
- **微学习不能完全取代其他学习活动。**微学习培训并不能帮助搭建专业知识体系或与知识建立深度联系。微学习培训的成果通常基于特定的应用场景，以绩效表现或行为变化为核心，并且见效很快。这就意味着你不能放弃为期两天或一周的领导力研讨会，也不能放弃大学期间的课程学习。微学习的确有助于描述类、概念性的知识学习，但对需要高深的专业知识和实践经验来解决的问题或性命攸关的场景来说，微学习的作用是有限的。微学习也不适用于在某个学科领域内搭建艰深的专业知识体系。参与者若想掌握某项技能，则需要学会建立处理问题或应对不同场景的思维模式，而这并不是微学习的目标。

现在你了解什么不是微学习了吗？也许上述这些观点能够完善你对如何高效应用微学习的看法。

既然你已经了解了什么是微学习、什么不是微学习，那么你应当明白，微学习其实只是人才学习发展的工具之一。没有一种教学方式能够替代所有其他的方式，微学习也不例外。请谨记这一点。接下来，我们会探讨正式的微学习与非正式的微学习。

微学习的形式

几乎没有哪一种学习方法论可以独立存在。如前所述，微学习不是一个完整的学习生态系统，而是需要作为系统的一部分来应用。你会发现，低层级学习通常会搭配微学习工具，学习内容由学习开发专家或参与者自行创建。

回顾一下西奥·胡克的定义，这个定义描述了学习的 3 个层次：宏观、中观和微观。宏观学习是一个更大的课题，比如取得一个与化学相关的学位。中观学习是位于中间的学习单位，比如完成一门有机化学课程。中观学习也可以体现为某一门课程中的一个课时，因为这些课时恰好代表了系列课程里的中间学习过程。如果你能完全接纳我们对微学习的定义，那么你就会知道，微学习是教学过程中最小的教学单元。

沿用前文中的一个例子。学习有机化学的学生可以利用教学卡片应用程序（微学习的一种形式）来记忆专业术语。这正是微学习与培训学习非正式融合的一种表现形式。教师也可以将微学习工具与正式授课内容结合在一起，作为课程结构的一部分。比如，为了测试学生对“多步有机合成反应”（multi-step organic synthesis）的熟悉程度，教师可以在课堂上以小测验的形式考考学生对几种不同的合成反应过程的掌握情况。接着，教师需要引导学生确定每种合成反应中的主要产物是什么。学生可以根据自己的意愿参加这项活动。即使客观条件不支持在课堂上运用网络科技的手段，也可以通过使用工作表的方式要求学生说明合成不同分子的反应过程是怎样的。

正式的微学习和非正式的微学习，其主要区别在于，正式的微学习会融入宏观、中观的学习结构中；而当参与者开始非正式的微学习时，更多的是基于自我驱动的因素，想要学习或掌握某项技能。无论是否采用了微学习的形式，非正式学习在企业、政府机关、非营利组织和教育机构中都是很常见的。这些机构所面临的问题是，正式的微学习该如何以及从何处着手（如果有切入点的话），以支持更大的组织学习生态系统。尽管这似乎不太可能实现，但若考虑学习的宏观、中观和微观 3 个层面，我们就会知道，良好的教学设计能够使最小教学单元的成果与学习的层级相匹配。

在前面的教学案例中，学生们非正式地使用教学卡片应用程序是为了帮助自己记忆术语释义。而这一学习成果也正对应着教学单元或课程的成果。具体的衡量标准取决于学生是运用这款应用程序学习、记忆课程中提及的全部术语释义，还是仅复习那些艰深难懂的部分。

在企业中，宏观层面的学习代表组织的战略性成果，中观层面的学习代表与组织总体成就相协调的部门成果，微观层面的学习则代表与部门成果相对应的团队或员工个人的成果。每一层级的成果都支撑着企业的总体目标。

了解了微学习的定义，以及微学习如何从微观层面融入学习的宏观、中观层面之后，你就会明白，只要保证最小的教学单元能产出更好、更深层次的学习成果，那么微学习这一过程就会自然发生或有组织地运转起来。正如我们将在全书中所呈现的那样，微学习的最佳用途是融入更大规模的学习计划。

我们又是如何知道这一点的呢？当然是通过调研。并不是每个人都喜欢调研，所以我们替你做完了烦琐的调研工作。第 2 章重点介绍了应用微学习的好处，以及关于它如何影响绩效结果的重要研究结论。我们还将这项研究与之前概述的 6 个微学习案例联系在一起。这会有助于你将微学习的优势与你希望参与者获得的学习成果联系起来。

微学习清单

Microlearning：Short and Sweet

1. 微学习是一个教学单元，提供一种简洁、有参与感的活动，这样的精心设计旨在让参与者从中获得某种特定的学习成果。
2. 微学习的 7 要素：教学单元，简洁体验，参与感，活动，精心设计，特定的学习成果，参与者。
3. 微学习不是一个新鲜事物，微学习不是一个完整的学习生态系统，微学习不是资源库，微学习并不适用于所有的学习，微学习不是学习形式的浓缩版，微学习不是知识传播，微学习不能完全取代其他学习活动。

4. 微学习必须是规模更大的学习计划或战略中的一环，从而能够最大化地发挥其优势。

5. 正式的微学习会融入宏观、中观的学习结构中；非正式的微学习更多的是基于自我驱动的因素，想要学习或掌握某项技能。

第 2 章

微学习
与 4 大学习理论和 3 大学习范畴

Microlearning: Short and Sweet

微学习思考

- 学习理论如何影响微学习的设计？
- 有哪些学习理论可以支撑微学习的设计？
- 本章内容试图影响哪个学习范畴？

如果说微学习不算是一种全新的理念，那么它为什么会突然流行起来？如今，供应商和专业人士等都将微学习视为提高学习效率所必不可少的一种创新。微学习的流行可能要归功于近年来移动设备的技术创新，同时，随着数字原住民[①]不断增多，新新人类想要体验科技创新的需求也日益增长。甚至在本书作者之一罗宾的朋友家，4 岁的孩子自己就可以在 iPad 上快速滑动屏幕两次，然后轻按图标来启动一个应用程序。

很多文章都将微学习视为一种一劳永逸的学习方式，然而它真的是学习者和学习道路上的灵丹妙药吗？当然不是。虽然微学习很受欢迎，但其实它只是学习设计的一种形式，它的地位得益于现如今人们对定制化的需求与日俱增。

本章重点讨论学习理论和学习范畴，这是所有类型的学习设

① 指网络时代出生、成长起来的一代人。——译者注

计都需要考虑到的基准。在我们的概念里，学习理论是一种范式，为人们如何获取、保留和回顾知识提供了一种视角；学习范畴则是对人们如何获得知识、习得技能和行为进行分类。实施操作也是学习设计的一个重要部分，我们会在第 6 章介绍。

如何学习，微学习如何融入 4 大学习理论

与其他类型的学习设计方法一样，微学习也依附于合适的学习理论。关于一个人是如何学习的，有 3 种公认的理论：行为主义（behaviorism）、认知主义（cognitivism）和建构主义（constructivism，也称结构主义）。第四种理论是联通主义（connectivism），讨论学习者如何通过网络来获取知识。每一种理论都适用于微学习，也为微学习设计的原则提供了理论支撑。现在，让我们从行为主义开始分析。

行为主义

行为主义最著名的案例之一或许就是巴甫洛夫的狗。巴甫洛夫进行过一项实验，他训练一只小狗，让它习惯性地将铃铛声和食物联系在一起。但巴甫洛夫并不是这一领域唯一的研究者，其他研究者也做过类似的实验，试图搞清楚生物到底是如何学习的。例如，B. F. 斯金纳（B. F. Skinner）曾训练实验鼠，让它们

学习通过推动杠杆来获得食物奖励。人们认为巴甫洛夫的实验方法是经典的条件反射，将学习与某个事件或刺激物联系在一起；而斯金纳的实验方法是操作性条件反射，将行为与结果相关联，结果则好坏参半。斯金纳进一步进行实验，研究行为的变化如何影响人们对知识的掌握。

行为主义的一个特点是，研究人员倾向于把学习者视为信息的被动接受者。因此，这个理论的基本概念是：学习者是通过消极或积极的反馈来获得知识的。举个例子，你是否有过上课迟到被老师锁在门外的经历？这种经历可能只需要发生一次，就能保证你下次会在大门反锁前出现在教室里。这便是行为主义在发挥作用的一个例子。

- 你的行为：迟到；
- 负面反馈：被锁在门外；
- 行为改变：准时到达。

那么，行为主义如何支撑微学习设计？20 世纪 50 年代，斯金纳提出了程序化教学法（教学模型），这也是他的教学设计宗旨中最重要的信条之一。实际上，通过微学习的方式阐释斯金纳的程序化教学法，是很清晰明了的。

- 教学内容以精心设计的小片段来呈现；
- 学习者能与学习内容产生互动；
- 通过互动行为，向学习者提供反馈；
- 学习者可以控制内容进度。

现在，让我们回到第 1 章提到的阿什利和教学卡片应用程序的例子。因为应用程序会提供术语的明确定义，所以阿什利立刻就会知道自己是否回答正确。此外，她还可以自主掌控学习进度，决定看多少词条。

认知主义

认知主义认为，学习者会通过联想或观察或两者兼有来进行有意义的学习行为，他们不是行为主义所认为的那种被动学习者。这种学习理论认为，外部刺激并不是学习者获取新信息的客观条件。学习者会自行处理信息，并决定如何存储这些信息，以备后续使用。

阿尔伯特·班杜拉（Albert Bandura）是活跃在认知主义领域的一位研究人员，也是一位理论家，在观察学习方面做了大量的研究工作。他在实验中用底部是圆形的、不会倒下的波波玩偶（Bobo dolls，一种充气玩偶）证实了孩子是通过模仿来学习的。

之后，班杜拉提炼出“社会认知理论”（Social Cognitive Theory，SCT）。该理论认为，学习者的个人因素、行为和他们所处的环境是相互作用的。这种相互作用影响了学习者对所呈现的信息进行编码的方式。

从某些角度来说，认知主义认为学习者的思维方式更像是一台计算机，具有输入和输出信息的能力。计算机会自行组织或编写程序，用以存储信息，并根据特定的指令释放相关信息。在某种意义上，学习者也会这么做。区别在于，学习者的大脑并没有预先编程，所以他们需要自行探索如何解读信息，以便日后回忆。

那么，认知主义如何支撑微学习设计？我们如何帮助学习者运用这种类似于计算机的特征来实现价值呢？下面这些教学设计原则可以帮助创建高效的微学习活动：

- 根据优先级进行排序并整理信息；
- 通过视觉线索提示信息的价值、相关性或重要性；
- 与之前的经验和知识体系建立联系；
- 根据逻辑条理，将信息进行分组或划分模块；
- 使用助记符或其他方式进行信息存储和检索。

让我们再回到第 1 章的内容，回想一下患者们在糖尿病护理方案中收到的信息和提醒。虽然我们对信息的全部内容不甚了解，但我们可以想象，这些信息是通过各种字体样式来强调的。比如，关于糖尿病患者积极或消极的行为习惯，统计信息会以粗体字凸显。另一种方式是，让患者回忆自己儿时做过的简单、有趣的活动，比如骑自行车或在林中散步。与以往的生活经验建立起这种关联，可能会影响患者对健康运动的看法。患者可能不再认为这是他们需要重新攻克的难关，而是一些他们本来就知道也会做的运动。

这些信息也可被归类为改善糖尿病患者总体生活质量的核心习惯。第一类可以重点概括为常规糖尿病的自我管理；第二类可以概括为关注饮食习惯；第三类可以概括为关注运动行为，以此类推。

更进一步，患者们可以共享助记符，以便检索信息。比如，“GLUCOSE BAD”是糖尿病患者自我管理项目的缩写，每个字母分别代表控制血糖（Glycemic control）、血脂（Lipids）、尿检（Urine screening）、香烟（Cigarettes）、眼科检查（Ophthalmic exams）、性功能障碍（Sexual dysfunction）、四肢（Extremities）、血压（Blood pressure）、阿司匹林（Aspirin）和牙科检查（Dental exams）。这 10 个项目都是控制糖尿病的要素，有些是需要规避的，有些是需要定期检查的。助记符可以帮助患者将糖尿病自我管理的注意事项铭记于心。他们可以按照缩写中每个字母所代表的含义，联想起与糖尿病自我管理相关的解释性说明，以及一些辅助自我管理的技巧。

建构主义

建构主义聚焦于学习者如何根据个人经验、行为和周遭环境，不断地尝试创造意义。与认知主义一样，建构主义认为学习者会融入周围的环境，通过社交和动态的过程，对相关问题形成各自不同的理解。简而言之，环境与环境中的人是相互影响的。

我们今天所知道的建构主义是约翰·杜威［John Dewey，不要与“十进分类法”的发明者梅尔维尔·杜威（Melvil Deway）混淆］、让·皮亚杰（Jean Piaget）和列夫·维果茨基（Lev Vygotsky）理论的融合。杜威认为，学习应当放在语境或真实场景中，而且学习者应当有机会展现自己的知识。皮亚杰提出假设，认为学习者是通过测试自身所学来搭建知识体系的。他还认为，通过这种途径获取的知识是不需要社会情境的。

另外，维果茨基断言，社会建构能够而且确实会对学习者产生影响，从而提出了社会建构主义（social constructivism）理论。在他最知名的“最近发展区”（the Zone of Proximal Development）理论中，维果茨基提出，学习者可以通过与同伴或教育者协作的方式来获取知识。

设想一下，汽车模拟器能够模拟汽车在不同环境和道路上的情况，而一个青少年在汽车模拟器里学习驾驶，他就能学会如何操控汽车和应对不同的情况了。这就是建构主义的学习方式。同样，让孩子们和驾驶教练一起坐在真车里，在真实的道路上行驶，也是一种建构主义。

那么，建构主义如何支撑微学习设计？你或许可以将学习者放在一个模拟环境中，他们需要想出一个解决方案，用以解决资源问题。学习者之间的互动会使他们对问题有一定的概念和深入了解，最终得到问题的答案（希望如此）。在此过程中，学习者应当发现解决问题的方法，并在当前的情况下区分哪些信息对于解决该问题是最有价值的。

现实中一个很好的例子就是医药销售代表，他们希望将各类不同药品的介绍资料放在医生的办公桌上。销售代表们需要掌握一定的技巧，来巧妙地回应医生对药品的任何质疑，并争取让医生们支持使用该药品。在首次培训中，销售代表们很可能经由销售培训师或区域经理的指导，花费数小时进行角色扮演的训练，然后再自行练习，以完善应对策略。

针对这种情况的培训，微学习的形式可以是一段包含特殊争议内容的简短视频。销售代表可以先播放视频的第一段内容，了解一下争议的内容，暂停视频并记录下各方的回应和自己的应对策略，然后播放剩余部分，观看学习视频里的扮演者们处理争议的方式方法。最后，销售代表可以将演员们的处理方式和自己的方式进行比对，评估一下各自做得如何。

联通主义

联通主义的概念是由乔治·西蒙斯（George Siemens）和斯蒂芬·道恩斯（Stephen Downes）通过研究混沌、网络、复杂性和自组织理论的定义整合而来的。联通主义支持对科技的运用，希望学习具有一定的意义，会在需要的时候重点关注知识的管理并期待获得认同与理解。然而，若学习者不擅长将所得的信息联结在一起，那么他们将很容易被信息误导。此外，学习者可能会对现状产生误解，比如当前的联结方式是合适的，他们却认为是完全错误的。如果学习者与不合适或完全错误的项目建立了联系，那么他们的学习效果也会大打折扣。

联通主义侧重的是培养学习者此时此刻所需要的技能，而不是关注学习者已知的事情。正如西蒙斯在 2005 年所说的："渠道，比渠道所带来的内容更重要。"随着知识体系的日益完善，如何在需要的时候获取准确可靠的信息，如何理解所获取的信息并合理利用它们，将比学习者目前所获取的信息本身更为重要。

下面是联通主义的主要原则：

- 学习和知识要基于各种不同的观点之上；
- 学习是联结某些特定的关键节点或信息源的过程；
- 学习可以依附于机器设备；
- 了解更多新知识的能力，比掌握目前已知知识的能力更重要；
- 培养和维系各个节点之间的联系，能够促进可持续的学习；
- 能够看清各个领域、想法和理念之间的联系，是一项核心技能；
- 可流通性（准确、前沿的知识信息）是所有联通主义学习活动的主要目标；
- 根据信息做出决策本身就是一个学习过程。通过不断发生变化的现实情况，我们可以决定选择学习什么，以及所接收到的这些信息的意义。虽然眼下有一个正确答案，但明天这一答案可能就是错误的，因为信息环境的变化会影响决策情况。

那么，联通主义如何支撑微学习设计？现在让我们回到知识管理这一概念。在第 1 章中，我们介绍了简的案例，她需要记住退货流程。而查看如何退货的操作按钮就在顾客电话等待按钮旁边。于是她可以在处理顾客的问题之前，先复习一遍退货步骤。

学习理论告诉我们，人们是如何进行学习的。当你设计学习项目的时候，可以把这一点考虑在内。但在制定一套完善的教学材料时，不能只使用这些学习理论。我们还需要在创建教学的过程中充分了解学习内容及其复杂性。这就涉及对学习内容和技能（人们学到了什么）的分类，也就是学习范畴的划分。

学习什么，微学习与 3 大学习范畴

在研究微学习时，请务必考虑清楚你想要涉足的学习范畴。你可能希望员工了解产品的功能与特性，或者可能会指导员工，让他们意识到安全合规行为的重要性。你可能希望学生了解世界各国的名称，或者你可能教授学生艺术鉴赏。你可能希望有人能学会如何更换设备上的零件，你也可能希望有人能学会如何正确使用移液管。

每种不同类型的学习成果都涉及不同学习领域（已有）的知识。有意识地决定用哪个学习范畴来影响微学习项目，将有助于你构建微学习产品，并使微学习产品的设计与期望的学习成果保持一致。在本节中，我们将讨论 3 个主要的学习范畴：

认知范畴（cognitive domain）、态度范畴（affective domain）和技巧范畴（psychomotor domain）。

认知范畴

如果组织内部没有知识渊博、能力出众、思维敏捷、能快速理解并执行本职工作的员工，那么这个组织将何去何从？认知范畴聚焦于两个方面：知识与理解。这也是我们在提到"学习"这个词时最常想到的两个方面。无论是一般的人力资源政策，还是针对特定岗位的清晰、明确的工作流程，认知范畴几乎都是所有工作的基础。微学习可以用多种方式处理基于认知特性的内容，既能让员工了解最新情况，也不会影响他们的日常工作流程。

在认知范畴中，学习进程从背诵或识别信息等较为简单的模块，提升到更为复杂的模块，如基于已知信息，分析或评估现状。记住一个设备零件的名字是一种认知技能，使用逻辑推理和问题处理准则对同一台设备进行故障排查，也是一种认知技能。

这种认知发展的概念以本杰明·布鲁姆（Benjamin Bloom）的分类法（Taxonomy）为代表，相关成果于20世纪50年代中期发表，并在21世纪初期由洛林·安德森（Lorin Anderson）和戴维·克拉瑟沃尔（David Krathwohl）做了补充。根据布鲁姆的分类法，知识的习得与应用是从低阶的信息处理能力过渡到高阶的思维能力的。表 2-1 列出了分类法各个版本的术语。

此外，表 2-1 还指出了哪一层的知识水平最适合进行微学习，以及我们认为哪些学习理论可以作为哪种分类的补充。你会发现，根据布鲁姆等人的分类法，最初级的 3 个阶段——知识（knowledge）/ 记忆（remembering）、理解（comprehension）/ 理解（understanding）、应用（application）/ 应用（applying）最适合进行微学习。

当你达到更高层级的思维认知水平时，其他形式的学习模式会更为有效。要达到高级认知阶段——分析（analysis）/ 分析（analyzing）、综合（synthesis）/ 评估（evaluating）、评价（evaluation）/ 创造（creating），需要花费大量的时间、精力和脑力。这些思维过程适用于课堂教学、研讨会、教授指导、师徒传承，而这些场景却不适合只使用微学习这一种方式。因为，人们其实很难通过一系列的微学习培训片段，学习到如何创建类似于商业策划案的知识。然而，我们可以应用微学习帮助学习者巩固策划案的相关知识。

表 2-1 认知范畴的分类法

布鲁姆的术语	安德森和克拉瑟沃尔的术语	综合定义	是否适用于微学习	相关的学习理论
知识(knowledge)	记忆(remembering)	对之前所学知识的呈现与回顾，专注于知识记忆	是	行为主义
理解(comprehension)	理解(understanding)	厘清观点，比较概念，总结内容与观点	是	行为主义
应用(application)	应用(applying)	将之前所学的知识运用到某个场景中	是	认知主义
分析(analysis)	分析(analyzing)	检验资料，并将信息拆解为更小的单位，梳理关系，做出推论	否	认知主义 建构主义 联通主义
综合(synthesis)	评估(evaluating)	做出与行动方案或衡量标准有关的判断	否	建构主义
评价(evaluation)	创造(creating)	以一种新的模式将各元素结合在一起，推出一些原创的东西	否	建构主义 联通主义

那么，如何通过微学习进行知识的传授、理解和应用呢？微学习又如何在尽可能不影响员工正常工作流程，又能提高绩效的解决方案中发挥作用呢？现在，让我们来看一个日益重要的年度课题：主动射击防御。这是许多组织如今面临的可悲现实。员工们通常会进行半天或全天的培训体验，包括课题授课、演示和情景模拟。在全年的某个时间，很可能会有一次突击演习，以评估组织的准备工作，以及组织是否有能力阻止威胁发生或将威胁最小化。一些组织还可能提供自适应的课程，帮助巩固知识，并提供能够将威胁最小化的全部有价值的流程和技能。

一年一度的主动射击防御课程，是确保所有员工做好心理准备，来面对这种高压情况的有效方法吗？每年一次非预警的演习真的能够让员工时刻保持警惕并运用好所学的技能吗？也许吧，但你不想更有把握一些吗？

现在，让我们看看如何应用微学习作为培训解决方案：某学校的人力资源部经过一系列沟通，开展了微学习活动，以确保校园的安全和提高校内人员的警惕性，每个月都会花一天的时间开研讨会，在会议上强化某项技术或技能的核心要点。例如：

4 月：通过观看视频的方式学习如何用桌子设置路障。

5月：通过情景模拟“你会怎么做”，询问“当你在教室外看到可疑的人或事物时，你的职责是什么”。

6月：通过打印文件的形式张贴行动号召内容，标明建筑物的各个出口，以及房间或办公室内可用于设置路障或作为防卫武器的任何物品。

你仍然可以遵循一年一度的培训模式，并运用微学习巩固培训效果；或者你可以将微学习当作年度培训计划，让整个培训过程贯穿全年，而不是召集所有人，在一天时间内进行集中培训。但那些从未接受过训练的新员工怎么办？如果这些未经受训的员工只来得及参加两个月的微学习课程怎么办？重申一遍，我们并没有良莠不分、全盘否定。一年一度的培训方式或自适应的课程可能是理想的综合计划。然而，重点是，如果你认为学习者能够在高压情境下回忆起自己100多天前接受的训练中那些至关重要的关键信息，那么你对他们的期望过高了。在下一章中你会了解到，微学习是可以增强记忆、提高效率的。

这就是认知范畴。但回想我们之前所提及的班杜拉的社会认知理论，学习者的自我效能感（self-efficiency）又是如何推动绩效表现的呢？又有哪个学习范畴会探讨行为呢？那就是态度范畴。

态度范畴

态度和士气在任何组织中都起着很大的作用。虽然大多数学习与发展方面的专业人士并不认为他们的工作可以帮助指导学员的态度，但企业方却持之以恒地在做这一类的尝试。态度范畴是关于情感、态度和价值观的领域。诸如国际联合劝募协会（United Way International，后更名为全球联合之路）和仁人家园（Habitat for Humanity）之类的组织，会指导人们如何帮助那些不幸的人。许多公司通过开展一些优质活动来向员工传达积极的工作态度，或者试图影响员工，让他们接纳公司的价值观。微学习是一种可以帮助组织转变员工心态的有效工具。

在态度范畴内，你会希望使一个人从完全忽视某个想法或理念，转变为重视这个想法或理念，甚至最终将他培养成组织内部的坚决拥护者。表 2-2 的内容基于戴维·克拉瑟沃尔的研究，概述了态度范畴的几种分类。

从以上过程可以看出，微学习能够帮助学习者接受或回应你希望他们接受的价值观。然而，若想达到分类法中的最高层次，通常还需要微学习以外的其他方法，以施加更长期的影响。接受、反应、评价和组织这 4 个层次，与社会认知主义和联通主义的关键性要素相适应；而自然化这一层次，不仅代表了建构主义和联通主义，也体现了社会认知理论。

表 2-2　态度范畴的分类法

克拉瑟沃尔的术语	定义	是否适用于微学习	相关的学习理论
接受 （receiving）	意识到或注意到环境中的某些事物	是	行为主义
反应 （responding）	出于经历或学习，表现出新的行为	是	行为主义 认知主义
评价 （valuing）	表现出某种明确的参与感或组织承诺，并希望他人知晓自己重视某种想法、物质或现象	是	（社会）认知主义 联通主义
组织 （organization）	将新的价值观或态度整合融入自己的价值观中	是	认知主义 联通主义
自然化 （championing）	坚信某事，成为某种价值主张的积极拥护者，并始终如一地按照该价值观行事	否	（社会）认知主义 建构主义 联通主义

你可以通过使用几种教学策略来完成教学并对学习者的态度施加影响，比如利用可信赖的榜样对该理念的认可、推荐、情感真挚的评价，以及该价值观能带来的愉悦感。

广告公司经常使用的一种方式就是名人代言，这种方式可以为培训开发所用。无论人们承认与否，他们都会受到名人或自己崇拜的成功人士的影响。你可以利用这一点，组织内部知名度较高、广受尊敬的人来通过微学习平台传递信息。

你的“名人嘉宾”可以是质量、安全，甚至是变革管理领域的业内知名外部顾问，也可以是内部领导。他并不一定是公司的首席执行官，但当与某个特定主题相关的简短信息是由高级别的领导人发布时，会更加掷地有声。因为这些人通常会得到更多的尊重。当然，这个小技巧更有助于影响其他人的前提是，它还没被过度使用。

另一种方式是使用推荐证明。当然，这取决于你的主题内容。比如，一线员工提供的安全或变革管理方面的重要信息能够影响他人。又如，在高校中，你可以让刚毕业的校友谈谈，他们认为怎样的课程内容可以帮助学生在毕业后找到一份工作。

通过微学习形式传播的视频是很有影响力的。如果你曾对着一个广告笑过、哭过或生气过，那么你就会了解，30 秒的信息所传递的内容也可以是充满感情的。构建企业价值观并将其与他人或整个团体的福祉联系在一起，有助于强化企业的价值观和态度。传播这些信息的方式之一，就是使用音乐来奠定情绪与基调。音乐对我们的情绪有着深远的影响，可以影响我们的思维方式，并让我们将某些图片或想法与我们的某种感觉联系起来。

当面对影响变革管理态度的任务，如遵循新公司政策，与客户进行互动，好好享受学习某一学科的过程，鼓励他人以安全、负责的准则行事时，微学习可以发挥重要作用。使用微学习提供简短、有针对性、与影响态度有关的内容，可能是实现预期效果的有效方式。

技巧范畴

虽然那些充满智慧、干劲十足的员工并不需要每天展现身体方面的技能，但动手能力依旧是成功完成绝大多数工作必不可少的条件之一。技巧范畴关注的是身体活动、运动技能和心理活动之间的联系。如果你在 YouTube 上观看过如何更换水龙头或汽车过滤器的视频，那么你已经在技巧范畴内应用过微学习了。这种类型的微学习目标只是简单地执行一项涉及脑力和体力活动的特殊任务。

与认知范畴和态度范畴一样，技巧范畴也从最基础的感知到技巧的熟练运用，将技巧分为不同层级。这些技巧层级的定义是 RH. 戴夫（RH Dave）在 20 世纪 70 年代提出的。表 2-3 呈现了初阶的基础理论，其中模仿（imitation）和操作（manipulation）结合了认知主义和联通主义，准确（precision）、联结（articulation）和自然化（naturalization）则涉及建构主义。

现在让我们来看看技巧范畴中，技巧发挥关键性作用的案例：现场技术人员。他们的工作任务之一是更换有故障的设备零件。为此，他们需要知道如何诊断故障，正确识别零件，找出有故障的零件，更换并正确安装新零件。要想成功地完成此项任务，通常需要完成某项进程或执行一系列的步骤。这些步骤可以以海报、视频，或者是书面形式呈现。视频内容可以搭配音频，同步解释说明画面中的人正在做什么，以及这么做的意义和好处。观看视频指南的人可以暂停或重复观看这段视频，直到他们能够执行这项任务。通过运用与情境结合的方法，可以节省制作音频和视频的成本。此外，为每个步骤创建 GIF 动画是一种更快捷、高效的方式。这两种方法和教学设计都应用到了微学习。

技巧范畴的微学习，其目标通常不是让学习者单纯地学习技巧或按步骤学习。确切地说，它是为了使学习者能够在一个较高的水平上执行一系列的步骤，最终完成任务。有时这种做法被称为技巧范畴分类法中的"引导反应"(guided response) 或模仿反应。

表 2-3　技巧范畴的分类法

戴夫的术语	定义	是否适用于微学习	相关的学习理论
模仿 (imitation)	观察和模仿他人。比如通过观看一段视频或动画，观察物理运动轨迹	是	（社会）认知主义 联通主义
操作 (manipulation)	尝试通过技巧上的指导，对工具和设备进行操作	是	（社会）认知主义 联通主义
准确 (precision)	在缺乏原始数据的情况下，能够使技巧展现达到有序、适度和精准的水平	否	建构主义

续表

戴夫的术语	定义	是否适用于微学习	相关的学习理论
联结（articulation）	能够结合使用两种及两种以上的技巧	否	建构主义
自然化（naturalization）	能够轻松、毫不费力地结合使用两种及两种以上的技巧	否	建构主义

如果学习者需要更高水平的技巧，你可以考虑其他类型的教学，包括长期和有针对性的培训练习。微学习可以从过程概述开始，然后拆解成详细的步骤，并指导学习者完成每个步骤。确保每个步骤正确完成的同时，在可能的情况下，微学习还会教授学习者用以检验进度的方法。

当创建技巧范畴的微学习项目时，一定要保证示例图片的正确性，包括正确地摆放物品、手的位置或做出其他动作。你需要运用感官提示指导学习者学习技巧，比如教导他们观察安全阀门的位置或方向。同时，还要解释如何从一个动作过渡到另一个动作，以便学习者熟练掌握正确的步骤。

无论学习者选择哪种学习方式，建立知识体系、了解基础概念都是至关重要的。在这一章中，我们解释了微学习是如何融入传统学习理论的，包括行为主义、认知主义和建构主义。我们还讨论了它如何支撑和延续联通主义理论，特别提及了在 YouTube 等社交平台上提供教学资源的案例。

学习范畴通过学习理论搭建了一个重要平台，这正是运用微学习的大好机会，对必须处理复杂性课题（或不同学习范畴）的学习发展专业人士来说更是如此。有 3 个要素可以帮助我们选择合适的微学习应用，即我们如何学习（理论），我们学习什么（范畴），以及我们为什么学习（归类或分类层级）。

你可能会问：什么是微学习应用？在第 3 章中，我们将介绍 6 个微学习应用类型。这对你来说是个好机会，可以选择合适的主题，使用最契合的学习理论和学习范畴，并将微学习项目落地。

微学习清单

Microlearning: Short and Sweet

1. 微学习的设计受到 4 大学习理论的影响：行为主义、认知主义、建构主义、联通主义。
2. 微学习适用于 3 大学习范畴：认知范畴、态度范畴、技巧范畴。然而，这些范畴的分类法中的所有类别并非都适合微学习应用。例如，“综合”与“评价”就不是微学习在认知范畴中的理想应用。

第 3 章

微学习的 6 大应用场景

Microlearning: Short and Sweet

微学习思考

- 微学习可以通过哪 4 种方式，在更大型的培训活动中发挥作用？
- 微学习的常见用途是什么？
- 微学习应用与微学习类型有什么区别？
- 在确定微学习的最佳用途和类型时，还需要考虑哪些因素？

这一章的内容很丰富。我们在第 1 章中阐明了什么是微学习，接着在第 2 章中介绍了学习理论和学习范畴的分类。现在是时候讨论微学习的应用（use case）了。在本章中，我们将通过下定义、设定场景和提供实例来说明微学习的 6 种应用。但在讨论这些应用之前，我们需要明确一下，微学习应用与不同微学习类型（type）之间的区别。

微学习应用是由以下要素构成的：

- 学习理论——我们如何学习；
- 学习范畴——我们需要学习什么类型的技能或信息；
- 学习范畴分类——我们希望学习者习得何种水平或程度的复杂技能。

微学习的类型是针对所选应用设计出的产品，是一个结果。

应用类型的不同更多地取决于以下 4 个项目因素：

- 学习者的学习偏好；
- 学习环境；
- 产品交付时间；
- 项目预算。

假设你想为学习者准备更大型的培训活动，因此选择了筹备型应用（下文会介绍）：你明确了学习范畴是认知范畴，所在的分类是布鲁姆分类法中的“知识”和“理解”层面。参考表 2-1 可知，你所选的分类通常使用行为主义学习理论。这就意味着你需要拆分学习内容，在学习者回答正确或错误时，开展行为强化训练。然后，根据这些见解指引，你可以选择任意类型的微学习产品，无论是信息图表，还是游戏化的应用程序。选择使用哪种类型的微学习产品取决于类型因素，而与应用无关。

微学习的 4 个思考

现在，你很可能已经开始设想自己的微学习计划了。所以，请继续思考，如何将微学习作为一部分内容融入整体的培训计划？

- 能否通过提供不同的培训方式吸引学习者，作为当前培训的一种补充？
- 能否加强那些经常使用且对工作绩效至关重要的培训内容？
- 能否扩充现有的学习资料，为学习者执行任务树立信心？
- 能否纠正不良或不正确的绩效表现或行为？

带着这 4 个问题，让我们来看看微学习的应用。

微学习的 6 大应用

以下 6 大应用展示了微学习在整个人才发展战略中可以发挥作用的地方。我们在与工作相关的场景下，定义和阐释每个应用，并进一步说明微学习的应用情况（及可能的应用情况）。表 3-1 到表 3-6 中的第一列是应用类型，第二列重点介绍了微学习的 4 个设计要素，第三列提供了场景案例，第四列提供了绩效评估的建议措施。我们认为，绩效评估不能仅仅局限于微学习层面，所以建议独立进行绩效评估，或者将绩效表现纳入更大的绩效考核方案之中。

应用 1：反思型

当向学习者展现反思型微学习时，你会要求他们基于某个想法、情景或学习任务进行思考，目的是让学习者通过反思的过程进行头脑风暴或弄清楚某个概念。反思型微学习在增添和修正信息方面效果显著。

教育研究员兼作家罗杰·尚克（Roger Schank）率先提出了数字化反思型微学习的基本理念。他在《教育引擎》(*Engines for Education*）一书中提出了“传声板”（sounding board）的概念，并将这个概念描述为一个全自动的过程，用来引导学习者进行头脑风暴会议。反思型微学习的目的是锻炼学习者的批判性思维和创造性解决问题的能力，让学习者通过回答简短且有针对性的问题来得出自己的结论。尚克设想使用人工智能和聊天机器人（chat-bot）的技术为学习者提供指导界面，并提出一系列尖锐的问题，帮助他们推进思考的过程。

在设计反思型微学习课程时，你可能需要设置一些问题，这些问题需要将学习者的注意力集中在他们认为理所当然的一些事上，比如“我的竞争对手在这个领域做了些什么”，或者“在其他不同的行业，人们如何处理这样的问题”。你可以设计问题，帮助学习者突破认知局限，消除思维上的壁垒，还可以通过提问来突出学习者真正的需求，比如“如果不受财力的限制，你会采取怎样的方式解决该问题”。

即使是看似无关紧要的问题，也会对反思有所帮助，比如一些语境切换的问题："你擅长什么娱乐活动"或者"你最喜欢的艺术家是谁"。语境切换有助于学习者暂时忘却眼下的难题，从而实现认知上的突破。引入新的主题或想法，然后询问这两个问题之间的联系，也可能会激发出创意，比如"你最喜欢的艺术家杰克逊·波洛克（Jackson Pollock）会如何处理这个问题"。

表 3-1 展示了 Bee Naturals（BN）公司的项目经理在进行项目规划时，如何使用反思型微学习更好地实现风险控制。BN 公司是一家健康美容公司，以生蜂蜜作为产品的主要成分。公司希望通过改进市场和营销策略，提升明星产品的复购率。他们的终极目标是在下一个季度将管理不善或因其他原因不明的风险造成的利润损失减少 10%。

表 3-1　基于反思型微学习的实例

应用类型	设计要素	场景案例	建议措施
反思型	学习者	项目经理	• 比较执行微学习计划前后的项目状态 • 跟踪聊天机器人功能的使用情况，将其作为项目规划的一部分，并比较使用聊天机器人前后，与风险相关的项目成果
	内容	公司风险管理的政策与流程；风险管理的常规内容	
	内容访问形式	移动端聊天机器人和网页版应用	
	未来发展	聊天机器人软件	

应用 2：行为表现型

基于行为表现型的微学习有即时满足需求、提供支持的特点。你可能会将行为表现型微学习作为工作流程的一部分，希望员工无论是否有学习培训的支持，都能完成工作任务。当你即时提供学习解决方案后，员工就可以通过反思自己的行为，回顾自己的工作表现，适当地提高某些技能或纠正错误。行为表现型微学习对补充类、强调类、增添信息类的训练有很大帮助。

在第 1 章中，我们提到了简观看 15 秒的指导视频并帮助客户操作退款的案例。而这样的案例还能升级为一个更“扰人”的版本：通过推送关于行为表现的提示来提醒学习者。这种方法可以专门针对特定需求进行设计，或帮助学习者回顾信息空白。简没有及时想起退款时的操作知识，却可以通过选择复习按钮进行知识回顾。相反，如果有员工在订单录入系统中输入信息时，忘记检查客户的信用额度，系统则会自动提示他们检查信用额度，并提醒员工检查客户信息额度的重要性。

行为表现型微学习的重点并不在于长期学习或者巩固记忆，而在于即时或近期的行为表现。任务执行可以是一次性的（如更换你的淋浴喷头），也可以是周而复始的（如把皮划艇绑在车顶上以便运输）。其他的行为表现型微学习还包括回顾填写公司阶段性报告的过程，或者在线上活动开始之前，温习一下这次活动的目标。

另一个例子是，如何为绩效评估编写一份建设性的绩效陈述报告（见表 3-2）。BN 公司的经理们需要写一份声明，用来支持低于星级评分的业绩评级。因为在填写线上绩效评估表时，管理人员提交了低分后，系统会提示他们进行审查，并提交一份建设性的绩效陈述报告。

表 3-2　基于行为表现型微学习的实例

应用类型	设计要素	场景案例	建议措施
行为表现型	学习者	经理	• 审核管理人员的评价 • 比较执行微学习计划前后的评价 • 比较使用线上学习模块的评估报告与未使用线上学习模块的评估报告
	内容	撰写建设性的绩效陈述报告	
	内容访问形式	通过“幻灯片共享中心”进行门户管理	
	未来发展	带视频的在线学习模块，配上旁白幻灯片和人力资源副总裁的介绍	

应用 3：说服型

说服型微学习旨在改变学习者的行为，通常以目标为导向（你也可以将此类型与态度范畴进行关联）。在第 1 章中，我们分享了关于糖尿病患者的研究，这就是说服型微学习的一个例子。患者接收到的短信提醒他们积极锻炼，从而拥有更健康的生活方式和行为习惯。研究人员希望这些每日发送的信息能够影响患者，使他们从中采纳建议，改变生活方式。说服型微学习可以提升学习者的技能并纠正他们的行为。

现在，我们来看看如何使用说服型微学习对 BN 公司仓库中的工人进行培训。公司需要保证工人的工作环境是没有任何危险的，领导者知道常规化的工作会使工人对环境失去敏感性。他们可以使用说服型微学习来改变工人的行为，让工人对工作环境保持敏感度。在表 3-3 中，我们可以看到，BN 公司选择了书面的方式传递激励的信息。

表 3-3　基于说服型微学习的实例

应用类型	设计要素	场景案例	建议措施
说服型	学习者	仓库工人	• 比较信息图表张贴前后的事故发生率 • 用包含多种场景问题的问卷调研形式，来测试员工在信息图表张贴前后记得多少宣导内容
	内容	确保工作区无危险	
	内容访问形式	印刷和张贴海报	
	未来发展	信息图表	

应用 4：课后型

课后型微学习是对学习者所采用的更大型的培训计划的一种补充。此类微学习将宏观培训项目中的核心概念提炼成微观的进修课程，以供组织另行安排培训或供学习者随时使用。课后型微学习可以起到补充、强调或增添信息的作用。

这一应用有很多与其他学习方式结合使用的可能性。同时，这也就意味着它很容易被过度使用。每一项培训真的都需要课后跟踪学习吗？组织或组织内的某个岗位必须保持某个标准吗？

在表 3-4 中，我们探讨了 BN 公司重新考虑多样性和包容性后的年度培训方法。BN 公司认为，员工的多样性是使公司与众不同的地方。尽管目标尚未有多样性和包容性的问题，但是公司希望在这方面树立起一种理念。这种培训方法将更多地关注以往年度培训会上所提炼的概念和讨论点。

表 3-4　基于课后型微学习的实例

应用类型	设计要素	场景案例	建议措施
课后型	学习者	所有员工	• 在培训前后调研员工对多样性和包容性的理解 • 在每个阶段学习计划结束时进行小测验，用于对比结果和巩固知识 • 比较项目实施前后，关于多样性和包容性的员工事件
	内容	多样性和包容性	
	内容访问形式	分阶段传达信息，并提供人力资源网页上的内容链接	
	未来发展	情景化视频和动画，多种方式结合使用	

应用 5：实践型

基于实践的微学习既是对学习者实践学习的提醒，也可以帮助学习者磨炼技能。安德斯·艾利克森（Anders Ericsson）在《刻意练习》中表示，提高个人技能需要将一项技能或行为拆解为小的、可实现的、明确的步骤。实践型微学习为培训提供了增添、强调或修正信息的机会。

在第 7 章的开头，我们提到了一个案例（你可能现在就想看一看）。NBC 环球集团的员工每天都会收到一条提示信息，要求他们在演示的应用程序中练习演说技能。这款应用程序提供视觉提示线索，如说话人需要保持的语速、语调和音量。在这个例子中，微学习（更准确地说是一条小通知）鼓励员工练习技能并定期反馈，而且培训时长很短，每天仅需几分钟就可以完成。

随着移动科技和应用程序的发展，教学设计者可以利用不同的工具来提醒学习者应该学习的内容，并提供指导、反馈，管控学习者的进度。这些工具可以帮助学习者以轻量的方式进行练习，并提供有针对性的轻量反馈。

实践型微学习适用于任何学习范畴。之所以这样说，是因为实践可以归结为一项体力工作或日常需要，所有的行为都需要实践。例如，BN 公司希望多样性和包容性这一话题不仅仅出现在一年一度的培训课题中，于是员工们经常会收到微学习的提醒，并以实践的方式将这一理念融入他们的日常工作中。

BN 公司审计师的例行报告中写出了支持他们这项决定的理由和解释。然而，这正是那些新审计师碰到的困难。表 3-5 简述了公司基于实践型微学习的计划，这个计划为初级审计师提供了练习机会，在没有任何风险的情况下，为他们树立信心。

表 3-5　基于实践型微学习的实例

应用类型	设计要素	场景案例	建议措施
实践型	学习者	初级审计师	• 由经理进行报告评估 • 员工用于验证其陈述理由是否符合标准的清单 • 比较管理者向所有初级审计师推出特定主题的频率与向特定初级审计师推送培训材料的频率
	内容	标准化报告：当无法表达整体观点时，如何陈述原因	
	内容访问形式	为初级审计师提供定制化移动端和电脑端的应用程序；管理者也可以将定制内容发送给所有人，或者通过应用程序选择发送给初级审计师	
	未来发展	交互性信息图表，配有注释信息	

应用 6：筹备型

筹备型微学习可以建立一系列学习计划，并为更大型的培训活动，如网络研讨会或全天课程做好准备工作。培训内容可以是知识的更新或全新的常规内容。在参与更大型的培训活动之前，学习者对知识的理解水平都是一样的。筹备型微学习可用于补充和增添培训计划的内容。

微学习可以以筹备型的方式良好地运转，因为这种方式对日常工作流程几乎不造成干扰。为了筹备更大规模的培训活动，学习资料可以在零散的时间内分批发放，因为在学习过程中休息 5 ～ 15 分钟对完成日常任务并没有什么影响。

此外，由于学习者的个性不同，他们对课程的知识掌握和理解程度也会有所不同。而筹备型微学习可以帮助每个人跟上进度，快速掌握学习内容。只要在大型的培训活动中专注于关键目标或最复杂的课题，你就可以最大限度地合理分配学习者在课堂上的时间。

作为筹备型微学习课程内容的一部分，BN 公司的工作人员已经拿到了授权报告的概述。因此，研讨会上的培训内容就会侧重于困难场景中的角色模拟及示范。报告概述包括共同条款、条例和表格（这些是授权报告的基本组成部分），这样可以节省当面解释并审阅条款和表格的时间（见表 3-6）。

表 3-6　基于筹备型微学习的实例

应用类型	设计要素	场景案例	建议措施
筹备型	学习者	员工	• 培训前测试 • 评估研讨会期间所传递的知识信息
	内容	授权报告（在面授研讨会之前发放介绍书）	
	内容访问形式	机构	
	未来发展	讲解员视频动画	

如何选择最适用的微学习类型

在讨论微学习应用的过程中，我们意识到，有时候很难确定使用哪种微学习应用类型是最合适的。在有多个主题和目标的情况下，将如何选择？我们不希望有人会被微学习应用的叠用难住。请记住毕加索的一句话："要像专业人士一样学习规则，才可以像艺术家一样打破规则。"

让我们以行为表现型、实践型和筹备型微学习为例。遵循公司标准准备演讲，以及如何使演讲取得成功，可以被视为筹备型微学习活动。然而，如果信息是源于实际需求而不是出于筹备所得，那么这项微学习活动的属性更倾向于行为表现型。那么，要如何将微学习活动投入实践呢？请回答这个问题：你是为了自己的演讲而练习，还是为一场演讲活动而筹备？如果答案是后者，那么我们认为你是在筹备或开发微学习活动，而不是在进行实践型或行为表现型微学习。通过回答这类问题，你可以找到最适合你的微学习应用类型。

使用这些指导原则可以帮助你思考如何在组织中选择最为适用的微学习应用类型。为了进一步说明，我们创建了一张工作表，将用法提示和应用类型联系在一起（见表 3-7）。此工作表将帮助你确定理想状态下的微学习情况，从而确定（或验证）需要结合使用哪些微学习类型。

表 3-7　微学习应用类型设计工作表

应用类型	设计要素	场景案例	建议措施
为什么想要用这种微学习应用类型； 使用这种应用类型的目的是什么	学习者	目标群体是谁	• 预期的培训效果是什么样的
	内容	想要涵盖什么主题内容	
	内容访问形式	在哪里引入微学习，想在何时结合使用不同的微学习应用类型	
	未来发展	想要包含哪些形式（听觉、视觉等）	
▶ 学习资料将用于选择一项培训计划：		☐ 补充 ☐ 增添	☐ 强调 ☐ 修正

你已经想过自己最感兴趣的微学习应用是什么了，还花了些时间了解表 3-7 中的内容，思考了如何将微学习类型和应用结合起来。那么接下来，你又该如何实践呢？

在最后一章的第一节中，有其他研究成果可以帮助你回答这个问题。填写表 3-7 中的工作表其实只是一个开始。你尚未弄清楚心中所期待的微学习活动发生的频率。这听上去很简单，但是微学习的实践方式对学习者的影响，就如同微学习应用和微学习设计一样重要。

微学习清单

Microlearning: Short and Sweet

1. 微学习有 6 大应用类型：反思型、行为表现型、说服型、课后型、实践型、筹备型。
2. 微学习对更大规模的培训计划可以起到补充、强调、增添或修正的作用。
3. 在确定微学习应用的最佳类型时，需要考虑如下因素：培训开发的基础架构、团队能力、微学习产品的预期质量、时间与成本。

第 4 章

让微学习达到最佳效果

Microlearning：Short and Sweet

微学习思考

- 哪些研究可以确定如何以及何时应用微学习？
- 间隔练习和间隔检索有什么区别？
- 微学习能否改变一个人的行为？
- 微学习课程的最佳时长是多少？

在第 2 章中，我们讨论了微学习的设计，以及适用于微学习的学习理论和学习范畴。在第 3 章中，我们讨论了如何学习（理论），学到的是什么（范畴），以及为什么要在第 2 章中学习分类，从而选择合适的微学习应用类型。

现在，是时候考虑如何将微学习付诸实践了。怎样做才能达到微学习的最佳效果？本章重点介绍了微学习的应用，将实践与之结合起来，以实现培训效果的最大化。希望我们的研究成果可以帮助你理解如何做到这一点。

为了取得成功，你需要在着手培训或开始学习计划之前，充分了解相关研究和理论依据。学习培训的专业人士懂得，技巧本身并不会使学习计划发挥作用，只有在正确的时间，以恰当的方式运用正确的技巧，才能使学习计划发挥作用。请记住，就学习设计方面而言，微学习并不是灵丹妙药。若缺乏这一层领悟，你很可能会冒着浪费组织资源的风险，更不用说浪费自己的时间和精力了。利用本章中的研究成果，你可以为微学习的实践提供信息，也可以就微学习何时有效、何时无效的问题，进行关键性决策。

微学习研究

微学习的历史有多久？人们通常认为，微学习这一术语的历史可以追溯到 2002 年。然而，在微学习被收入词典之前，许多组织、教师和培训人员已经将学习内容分为小块，创建了短小精悍的内容，或者用一些术语将少量的内容呈现给学习者。几十年来，研究人员一直在摸索小部分内容的呈现方式，并且有证据表明，微学习这一理念可以追溯到 100 多年前。因此，当我们谈论微学习的应用和实用性时，有大量的研究需要佐证。

本章侧重于实证研究和文献研究，这些研究通过了可靠的科学实践验证。我们的目标是利用明确、有据可循的证据来验证微学习的应用情况。缩小微学习研究的范围，只研究采用科学方法实践微学习的文献，意味着我们可借鉴的文献更少了，但同时也能够摒弃一些有关微学习的“杂音”和高谈阔论。我们的目标并不是审阅有关这个主题的每一篇文献。本章旨在为微学习设计者使用微学习教学工具提供科学性依据。

遗忘曲线，帮助学习者记忆

19 世纪 70 年代末，赫尔曼·艾宾浩斯（Hermann Ebbinghaus）开始研究人类的记忆。此后不久，他又开始研究遗忘的概念。他以自己为研究对象，孜孜不倦地对自己的记忆进行了严谨的实验。1885 年，艾宾浩斯出版了《记忆》（*Über das Gedächtnis*）一书，随后这本书被译成英文，书名为《记忆，对实验心理学的贡献》（*Memory: A Contribution to Experimental Psychology*），并于 1913 年出版。艾宾浩斯的研究和发表的研究成果，在记忆研究和人类对如何改善记忆的理解方面，做出了巨大的贡献。

这项研究成果就是艾宾浩斯遗忘曲线（见图 4-1），这幅图揭示了随着时间的变化，记忆的流失情况。艾宾浩斯发现，人们的记忆是会随着时间的推移而衰退的。然而他也发现，当他在一定的时间间隔后重新复习曾经学过的内容时，遗忘的过程会减缓。

艾宾浩斯的研究已得到了多次印证。在 1907 年和 1913 年，研究人员拉多萨维特希（Radossawljewitsch）和芬肯宾德（Finkenbinder）分别进行了与艾宾浩斯类似的实验，在记忆与遗忘方面得出相似的结果。海勒（Heller）及其同事在 1991 年对 20 世纪 90 年代初期出现在德国的艾宾浩斯研究进行了复刻。

2015 年，阿姆斯特丹大学的研究人员贾普·M. J. 穆尔（Jaap M. J. Murre）和尤里·德罗斯（Joeri Dros）尽可能地复制了艾宾浩斯的实验，得出了类似的结果，从而证实艾宾浩斯的遗忘曲线是真实而科学的。

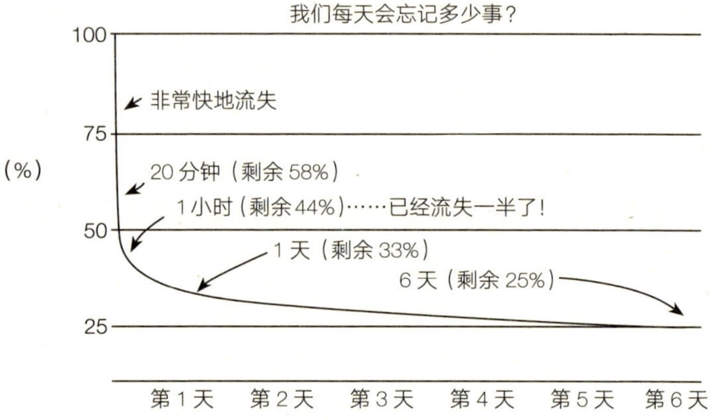

图 4-1 艾宾浩斯遗忘曲线

经过时间的考验（到目前为止），艾宾浩斯的这些发现与研究结论清楚地表明，人们记忆的信息会随着时间的推移而不断被遗忘，但如果在特定的时间间隔内，重新引入已学习的内容，就可以降低遗忘率。

当我们以艾宾浩斯的遗忘曲线作为微学习的科学依据时，有一句忠告：这些实验，包括复刻实验，都是以无意义音节[①]作为“学习”内容的。有其他研究表明，具有特殊含义的单词比无意义音节的记忆保留周期要更长。因此，虽然遗忘曲线是真实的，但它可能不适用于比无意义音节具有更深层含义的内容。若信息是更有意义的，则衰退或遗忘过程的发生速度比遗忘曲线显示的要慢。例如，你需要在新工作中学习一系列缩略词，那么这个学习内容的遗忘曲线可能不会那么陡峭，因为这些缩略词与你的工作息息相关，对你而言是有意义的内容。

重要的是，人类不会通过对信息进行复制的方式来存储信息，而是在已知信息的基础上，将新信息编码并存储，进行学习。我们将新信息映射到当前信息上，并将两者链接起来。在学习一个项目后引入外部刺激手段，将有助于激发记忆，从而记忆和回忆学习内容。事实上，如果学习内容比无意义的音节有更深刻的含义，我们就可以大胆地推测，该学习内容的遗忘曲线会远比艾宾浩斯的实验结果平缓得多。

除了给学习内容赋予意义，还有两种方法可以帮助学习者记忆信息。这两种方法都可以应用于微学习的项目设计中：其一是间隔效应（spacing effect，或称为分散学习效应），其二是测试效应（testing effect）。

① 艾宾浩斯制作的一种记忆实验材料，每个音节包含 3 个字母（1 个元音和 2 个辅音），如 zog、xot、gij 等。——译者注

检索，吸引并留住学习者

本章节的大部分内容旨在帮助你明确学习的时间和频次，特别是在使用微学习工具的情况下。学习者可能会被过多的信息淹没，失去学习的动力，对课程内容也不再感兴趣，于是所有努力都将付诸东流。我们在本章总结的研究成果重点强调了各种微学习应用类型的最佳使用方法。

正如我们在讨论遗忘曲线时所提到的，微学习有助于将信息的记忆深度保持在最佳状态。那么，何时进行信息检索呢？让我们学习一下可以从检索中受益的三种不同的形式：第一种是间隔效应；第二种是检索练习；第三种是检索对行为的影响。

间隔效应

间隔效应或间隔检索（spaced retrieval）是一种教学理念，已被证实是一种帮助记忆的有效工具，还可以为学习者提供时间间隔中要学习的内容。它有助于消除学习者的疲劳感，也可以帮助他们将想学的内容按照前后顺序融会贯通，从而更有效地提高学习效率和记忆力。

了解间隔效应的一个好方法就是关注与之相反的理念，即集中学习（mass practice）。集中学习是指一次性学习大量内容，比如为了考试而死记硬背。你还记得你曾经是怎么做的吗？你在考试前夜突击学习，并在考试中表现出色，但两周之后你就什么都不记得了。

集中学习或填鸭式学习存在两大问题。第一大问题是，持续性的学习会干扰你学习新知识的能力。具体表现为容易混淆先前的内容和概念，生词和其定义也不易匹配。在你将新信息储存之前，你的大脑根本无法完全记忆、理解或解析当前的信息。第二大问题就是疲劳。你一定曾为了考试而学习，或者尝试过一次性接受大量的信息（比如通过参加培训班或 2 小时网络研讨会的形式），结果却发现，你的大脑由于试图接收过多的信息而“受伤”。关于这点，我们感同身受。

简而言之，间隔效应是基于这样一个事实：如果把学习事件安排在不同时间段内进行，而不是集中在某个时间段进行密集学习，那么在延时测试（delayed test）中，记忆增强的效果显著。间隔效应之所以行之有效，是因为检索信息这一行为本身就是一种高效的学习活动。检索到的信息在未来的学习过程中，更容易被回想起来，与大脑中未被检索信息的提取状态不同。此外，大脑很难回想起有相同提示线索的信息内容。我们需要利用记忆来改变记忆。

间隔效应在以下两种学习情景中是最有效的，一是吸引学习者长时间学习，二是在学习及运用过程中，对学习内容的强化记忆。多布森（Dobson）在 2013 年的研究表明，检索间隔的时间越长，潜在的好处就越大。理想状况下，两次学习活动的间隔时间可以超过 24 小时，但间隔时间稍短的检索也是有效的。与集中学习的人相比，通过间隔效应学习的人，即使在 8 年之后，他们的记忆留存率也比其他人要高。

间隔效应的最佳学习计划是，在学习者即将遗忘的时刻回顾之前的学习内容。但实际上这是难以实现的。因此，学习者最好设计一个复习时间表。与间隔效应相关的时间表主要有两种：

- **统一的时间间隔。**在不同的学习活动之间，学习内容是按照时间表推送的，并且学习时间的间隔是相同的。所以，这种统一的间隔学习法能够确保每段学习内容之间的学习间隔是固定的。
- **延长的时间间隔。**随着学习活动的增多，每次的学习时间间隔也会延长。在整个学习过程中，学习内容之间的间隔会越来越长。

遗憾的是，这项研究并没有提供最佳时间间隔的确切答案。一些学者主张统一的时间间隔更好，另一些学者则认为延长的时间间隔更好。越来越多的证据表明，对于那些忘性大的人或难以记忆的资料，延长时间间隔的方法可能更为适用。例如，内华达大学的研究员弗兰克·邓普斯特（Frank Dempster）在 1987 年发现，相较于连续不断地重复同一个术语及其定义的方法，每隔 5 分钟左右复习一个术语及其定义（不是同一个术语）会使学生的记忆效果更好。所以，在单个教学场景中，运用间隔效应学习法在一定程度上有助于更好地开展教学活动。

检索练习

间隔效应希望教会学习者如何与学习内容建立联系，而检索练习是间隔式学习的一种形式。因为实际应用各有不同，所以检索练习可能并不总能运用在学习计划中。当我们想要练习、强调或增添学习内容时，不可避免地需要回想学习内容。

事实证明，从记忆中检索信息是加深记忆强有力的手段。换言之，回想信息或自我测试会以某种形式调节记忆，提高未来提取信息的速度，提高信息的记忆深度。小测验或自测比其他一些学习编码形式（如重新学习）更容易提高学习效率。因此，虽然很少有人喜欢考试，但实际上考试是一种不错的学习方法，并且可以在微学习实践中发挥关键作用。

华盛顿大学圣路易斯分校研究学者亨利·L. 罗迪格三世（Henry L. Roediger Ⅲ）和杰弗里·D. 卡尔皮克（Jeffrey D.

Karpicke）在 2016 年的研究中提到，利用测验来强化记忆这一方法的历史至少可以追溯到 16 世纪。在《测试记忆的力量：基础研究及其对教育实践的意义》（The Power of Testing Memory: Basic Research and Implications for Educational Practice）一文中，两人引用了曾任英国首席检察官、大法官一职的英国哲学家、政治家弗朗西斯·培根爵士的一段话。

> 即使将一段文字通读 20 多遍，你也可能无法将它熟记于心。这就好比你读了 10 遍，边读边试着背诵，但当记不清内容的时候，你还是需要查阅文本去回想内容。

1917 年的春天，阿瑟·盖茨（Arthur I. Gates）在加利福尼亚大学心理实验室里采取了更为科学的方法，进行记忆力测试。这项测试以加利福尼亚州奥克兰一所公立学校的学生和加利福尼亚大学心理实验室的成年人为研究对象，盖茨发现，通过测试可以大大地提高他们的记忆力。自此，其他研究人员对他的实验及类似的实验进行了重复性研究。在不同的实验设计中，将学习资料和被试者年龄作为变量，都得出了相似的实验结果。

检索练习对行为的影响

间隔效应不仅能够巩固记忆，还能够影响一个人的行为。糖尿病患者每天接收短信提醒的案例，就能说明这一点。

还有另一个例子，一项名为“面对面继续医学教育与在线间隔教育相结合的模式对临床行为的影响”的研究发现，在继续医学教育课程之后的在线间隔教育课程扩大了面授课程的影响力，对自我报告的总体性临床行为有着显著影响。在这个研究中，随机对照组的学习者需要完成课后的微学习练习，其项目包括 4 个临床主题的小测验。基于对照组学习者正确和错误的回答（间隔检索），每 8 天和每 16 天就会有一次测验。但控制组直到第 18 周才会进行测试。然后在第 18 周，调研两组实验对象的有关行为变化。调研结果是，那些接受间隔教育（微学习）的学习者认为，他们的总体性临床行为有了明显的改变。

以上两个例子表明，每隔一段时间把信息推送给学习者，这一措施可以提醒他们接纳培训所鼓励的行为和学习内容，并对他们的个人行为产生积极的影响。

上述内容都有助于你思考，微学习是否适用于你心中所设想的各种课题。现在，你可能正在考虑如何实践微学习项目，从而进一步完善项目理念。但你也可能在想，要如何设计微学习项目。人们始终面临的最大问题就是，微学习的时长到底应该持续多久。我们的研究涵盖了这一点。

微学习的最佳时长

在第 1 章讲过的微学习定义中，我们特意避免去明确微学习的持续时间，因为我们不想人为地将微学习的概念限定在一段时间之内。然而，“微学习的最佳时长是多少”一直是我们被问到的一个问题。

我们仍然对微学习的最佳时长知之甚少，如微学习课程内容的复杂性与时长之间的关系，培训内容的相关性与培训受众的学习时长意愿度之间的关系。然而，也有一些研究对微学习的最佳时长提出了一些独到的见解。

在 1985 年，拉尔夫 · 伯恩斯（Ralph Burns）以化学系学生的注意力作为一项研究课题，研究了某些教学因素对学生产生的影响，以及这些教学因素与学习记忆的关系。伯恩斯还研究了其他因素，如演讲风格、授课内容的演讲顺序，进而了解这些因素如何影响了学生对知识方面的记忆。

下面是伯恩斯发现的与时间有关的研究结论：

- 在演讲开始的前 5 分钟，教学成果是最突出的，学生能回忆起约 35% 的演讲内容；

- 在接下来的两个 5 分钟（即演讲开始后的 5 ～ 15 分钟）里，演讲内容的影响力有所下降，但总体保持相对稳定；
- 在 15 ～ 20 分钟的时间间隔内，学习效率降至最低水平。

伯恩斯的研究与 2013 年哈佛大学的一项实验类似，两者的研究成果都与其他关于时长与记忆留存率的研究结论一致。罗切斯特大学计算科学系助理教授菲利普 · 郭（Philip Guo）在研究人机交互和在线教育时，也发现了类似的结果。他分析了麻省理工学院和哈佛大学联手创建的在线课堂——edX 平台上播放量达 690 万次的 4 门课程，并总结出关于视频使用情况的研究结果。他发现最佳的课程时长是 6 分钟或更短。他还认为，随着视频时长的延长，观看者的专注度会下降。比如在时长超过 12 分钟的视频中，他发现大部分学生只看了 3 分钟左右，这意味着他们观看到的视频内容是完整视频的 1/4 左右。

菲利普 · 郭还发现，与那些不想拿课程认证的同学相比，想要拿到课程认证的学生倾向于投入更多的时间进行视频学习。他认为这是动机的缘故，因为那些学生之所以花更多时间观看这些视频，就是因为他们有获得最终的课程认证的动机。

菲利普 · 郭的研究结果所提出的这些建议，以及其他研究的发现，都清楚明确地指出，至少就视频形式而言，微学习课程的时长在 5 ～ 6 分钟即可。经过认真的分析与研究，5 分钟的时长似乎在学术界已取得共识。不过请注意，此项研究和类似的研究都只专注于视频教学形式，所以并不意味着这种研究成果能代表所有的微学习形式。通常情况下，我们需要进行更多的研究，以了解微学习的最佳时长。因此，我们给出的答案是“视情况而定”。

通过回顾与微学习特征相关的科学研究，我们收集总结了很多信息，但仍然有许多值得去探究学习的内容。你可以将这些循证结果应用到微学习设计中，确保能够帮助学习者。本章节所提及的技巧和概念可以免去你的猜疑，并在选择微学习方式时为你提供可靠的实例，进而让你确信为什么要在微学习项目中实现这些关键点。

本章是微学习理论基础的最后一节内容。通过深入剖析并了解微学习的定义、理论、范畴、应用和研究，让你和组织准备开始微学习的规划与运用（即本书的第二部分）时拥有扎实的基础。这将让你避免在微学习浪潮中迷失自我、人云亦云，以一种脚踏实地的教学设计思维去准备微学习项目，从而让学习者与你所准备的课程内容进行良好的互动。

微学习清单

Microlearning: Short and Sweet

1. 让微学习实现最佳效果的两大研究：遗忘曲线和检索研究。
2. 微学习的最佳时长为 5 分钟左右。
3. 从长期来看，大量练习或填鸭式教学并没有效果。
4. 帮助记忆的 3 种方法：给学习内容赋予意义、间隔效应、测试效应。

Microlearning: Short and Sweet

第二部分

微学习实践

第 5 章

如何制定微学习策略

Microlearning：Short and Sweet

微学习思考

- 如何将微学习方法组合起来？
- 如何基于预期的行为和用途，拆分学习成果？
- 为什么动机对微学习策略如此重要？
- 交付的方法是如何产生激励并达到预期效果的？

如果我们没有为你指引正确的方向，没有使你变得更强大，我们就是不称职的微学习宣传大使。当你将关注点从宏观转向微观时，如果可以，那么是时候制订一份关于微学习策略的计划了。无论是创建一款微学习产品，还是提出一系列的微学习解决方案，你都需要按照一份精心设计的计划行事，这可以是一份与预期成果相匹配并能适应更大课程规模的学习计划。同时，这份计划还要能使学习者保持学习的积极性，并最终改变他们的行为。

Microlearning：Short and Sweet

微学习实践

美国土木工程师协会的微学习实施策略

首先，我们以某个组织实施微学习的策略为例，来看看这个组织为确保项目成功，使用了哪些微学习策略性因素。

美国土木工程师协会是土木工程专业的一个卓越组织，成立于 1852 年，拥有分布在 177 个国家的超过 15 万名会员，是美国历史最悠久的工程学会之一。与其他组织一样，协会的领导层深知，若想保持行业领先地位，就要在推动社会经济和社会动力发展的规划、设计、建设方面站在行业的最前沿，因此他们需要重新思考如何向会员传递新信息及现有的信息。

美国土木工程师协会的挑战是制定学习策略，从而为全球的会员提供与全球土木工程标准相关的重要信息和学习机会。协会的规章制度大约每 7 年更新一次，发布修订版的日期迫在眉睫。领导层仔细地做了需求分析，并决定在总体部署的策略中采纳一种混合式的全新学习课程。这种混合式的学习课程包括直播形式的网络研讨会、自定学习节奏的网络教学内容、由行业专家牵头的讨论会，以及微学习模块。

微学习的形式有助于将土木工程领域各学科专家的主题内容汇总在一起。这些牵头专家不仅可以带会员了解更新后的准则，分享他们的见解和经验教训，还能为培训内容带来人性化的视角。由于中小型企业的培训时间十分有限，所以专家们选择的学习策略是给企业配置摄像头，以便利用有限的时间来针对内容关键点设置解说课程。之所以采纳这种方式，是因为中小型企业在土木工程行业中受到了广泛的尊重，这成为学习者参与该项目的关键动力。专家们为中小型企业配置的解说课程广受欢迎，为微学习课程落地提供了支撑。

美国土木工程师协会认为，将中小型企业的微型讲座、帮助学习者回忆学习内容的小测试以及互动交流（如拖拽练习）相结合，是最有效的一种策略，有助于激发学习者在学习和复习期间的积极性。由于这个微学习项目需要覆盖的地理区域很广，所以我们为该项目设计的研究方法很特别：每个教学单元都要符合工程规范要求，并在 12 周内完成交付。

协会的会员能够很好地接受微学习课程。对忙碌的土木工程师来说，适时地学习与进修是很有必要的。他们可以随心所欲地选择上课的时间和地点。此外，微学习模块可以督促他们在课程讨论环节与专家互动。土木工程师十分期待这种学习方式，并珍惜与专家交流的机会，所以课程在预售时就已销售一空。时至今日，这一课程在土木工程师中仍然供不应求。

微学习策略的 3 大核心要素

在开始讨论如何实施微学习策略之前，我们先假设一个前提条件：你已经完成或可以完成培训课程需求分析，并已确定有机会将微学习模块融入更大规模的课程中，就像美国土木工程师协会的做法那样。

那么，相应的学习策略很可能包括：

- 设定培训或学习计划的总体目标；
- 确定微学习的具体绩效指标；
- 构建微学习的应用；
- 创建学习者的资料。

如果你明确了交付的平台和模式，那么还需要确定具体的方式。假设你打算为微学习产品首发活动使用全新的交付平台，比如学习管理系统（LMS）或企业内部网，或使用全新的模式（比如网络课程、视频、资讯图表或播客），那么在这个过程中，考虑好 3 个核心要素有助于找到最佳方案。

你的微学习策略应包括以下 3 个核心要素：

- 要素 1：规划和管理预期结果；
- 要素 2：激励学习者产生努力实现预期结果的动力；
- 要素 3：通过恰当的方式交付。

这三者相互作用，共同影响微学习策略。设想一下，如果你将某一核心要素的优先级排在另一个之上，会发生什么？常见的问题是所选择的交付方式（要素 3）并不适用于学习者的日常工作流程。这会造成他们不太想使用微学习产品（要素 2）。因此，你的微学习计划无法达到预期的绩效水平。所以，尽管学习者可能有学习的动力，有意向使用微学习产品，但他们可能没有时间投入计划中，因为计划超出了他们的正常工作流程。同样，如果学习内容极具吸引力（要素 2），并囊括在日常工作流程中（要素 3），但没有紧密关联预期结果（要素 1），那么对学习者个人和组织而言，则是在浪费时间。我们已经见过这样的例子：通过游戏的方式呈现学习内容是很吸引人的，但当学习内容与员工岗位无关时，他们就白白浪费了这个学习机会。然而，之所以每个人都继续参与这门课程，是因为管理层认为“每个人”都应当“学习”这些内容，以备不时之需。

简而言之，不能把微学习的“微”与“简单”或“快速”画等号。3 个要素之间的相互作用，对如何开始微学习之旅，并制定出最佳的路线图来说至关重要。

你或许认为规划和管理预期结果只是例行公事，但这对微学习而言，却是尤为重要的。因为微学习策略较少依赖于对既定学习目标的管理，而更多地取决于对绩效表现的掌控程度。传统课程中的模块和教学单元，甚至是某些主题内容，都可以成为教学目标或为教学提供相应的支撑。然而，从本质上讲，这些传统课程对课程结果和内容是有包容性的。

对微学习而言，预期结果是精简的：只有 1 个成果产出，确立 1 ～ 3 个目标。这就意味着一切都要简洁。信息中所传达的内容必须是高效的。为了最大限度激发学习者的学习动机，在传递信息时，我们会创新性地选择适当的工具或交付形式。

现在，如果你的组织已经有了微学习策略及一系列流程和模板，就能更快速地研发出更多微学习产品。但对那些不熟悉这种新学习方法的人来说，本章为你们提供了一些基础知识和概念。

制作微学习地图

在考虑制定微学习策略时，你需要确保将微学习融入整个课程之中。无论是学术类课程还是与工作相关的课程，都有一些共同的特点，包括：

- 一个学习目标或意图；
- 一个浓缩版的主题范围；
- 按逻辑顺序搭建知识或技能培训路径；
- 体现教学目标群体各种特征的学习者档案；
- 将选定的教学策略、活动、理论框架与多种理论方法相结合（详见第 3 章）；
- 指定的学习环境和资料；
- 评估方式；
- 基于评估结果，分析并修订现有的数据。

充分理解你的课程，可以让你知道应当如何选择微学习的应用类型。

本书并不打算涉猎如何制定组织层面的学习策略、整体课程，或推行大型学习计划，因为这已经远远超出本书关于微学习的定义范围。市面上还有很多关于这些课题的其他书籍可供参考。

我们认为有必要声明的是，即使你将微学习视为现有培训的一种补充或一项资源，也不应当将其当作补救措施。你需要了解的是，如何将微学习融入组织中更大的学习蓝图。无论学习形式是正式的还是非正式的，微学习只有成为课程体系中的一环才能有效。一旦确定了微学习的适用范围，下一步就是确定和开发微学习地图。

正如我们在前几章所建议的那样，你应当关注的是期望行为或绩效结果，而不是你想要达到的学习目标。通过制定学习策略，引入你想要的变化要素，可以在向学习者展现预期结果的同时，确保达成学习目标。

为了强调结果并设计微学习计划，我们建议创建一幅微学习地图。这种地图是一张三列表，每一列分别对应着学习结果（任务）、评估标准和（学习）目标。表 5-1 就是微学习地图的一个示例，可用于土木工程微学习课程。

表 5-1　微学习地图之桥梁测试课程

部门：测控	职位：土木工程师 I 级	
关键绩效指标组：1.0 质量管理	项目指标：1.1 精度和速度	
任务	评估标准	目标（不超过 3 个）
检查桥梁，确保其符合 3 项关键性抗震设计标准	在计算机屏幕上给出桥梁的图片，让学习者在 7 分钟内完全按照要求，准确评判出桥梁的抗震设计构件是成功的还是失败的	• 回顾 3 项评估标准 • 识别桥梁构件能否被采纳
▶ 预期目标：巩固知识		

请注意，这种地图包括特定的课程和既定的关键绩效指标。第一列是要执行的任务：检查桥梁，确保其符合 3 项关键性抗震设计标准。明确清晰地表达任务指令，可以确保微学习设计得有针对性，从而解决相应问题。第二列有助于明确学习者的预期结果，即根据给定的评估标准和特定指标来评判预期表现。目标是将绩效标准转换为工作表现，确保桥梁监察得当。最后一列列出了微学习中要解决的问题。有了这 3 大要素的配合，就可以创建一项特定的、有针对性的微学习课程了。

虽然与针对课程和基于特定目标的传统教学设计方法相比，这种方式是落后的，但考虑到微学习的本质和我们对绩效表现的重视程度，这一过程是合乎逻辑的。三列表是一个很好的工具，可用于实现特定行为和传递关键性内容。大家都希望看到项目的成功，那么我们要如何将信息传递给目标群体呢？鉴于微学习在短期内有很强的影响力，我们就需要慎重地思考，促使学习者表现良好的原因是什么。

如何激励学习者

作为教学设计者，你只有很短的时间来吸引学习者的注意力，通过精彩的内容帮助他们将注意力从学习过渡到他们将要做的事情上。在撰写工作场所中的安全规范或分析报告时，你需要了解如何说服学习者。所以，如果未考虑到学习者的动机，那么你很可能会浪费能够影响他们的有限时间。

在美国土木工程师协会的例子中，学习者的动机之一是能够获得与知名行业专家探讨某个话题的机会。在某些案例中，这的确能使学习者获得动力。但需要注意的是，不同学习者的动机也各不相同。那么，你应当关注哪个方面呢？朱莉·德克森（Julie Dirksen）在他2016年的著作《设计人们的学习方式》（*Design for How People Learn*）中写道："学习设计师需要考虑两种动机：学习动机和做事动机。"

微学习模式使得动机要素更为重要。本节将重点讨论做事动机，我们先前已无数次阐明，微学习对提升绩效十分有效，因此我们就直接研究学习态度范畴。当然，学习过程中也会包括认知和技巧两个范畴，但两者都是基于学习者行为方面的动机要素。例如，假设有名学习者认为学习安全课程是浪费时间，但我们仍需要将其作为组织年度安全防范要求的一个环节。又如，另一名学习者需要参加一门课程来获得认证，所以他想参加这门课程，以便得到晋升。因此，我们需要思考的是，将动机视为欲望还是需求：

- 学习者的动机是什么（欲望）？

- 学习者的动机是否受到外部因素的影响（需求）?

以行业认证考试为例，学习者已经知道自己想要什么了，但他们的动力要足够强才行。即使他们迫切地渴望某物（积极性很高），在以下情况发生时，他们也仍然会失败：

- 不相信自己能够改变（自我效能）；
- 被变化所击垮（期望值设定）；
- 没有通过练习或应用强化这种变化（自我控制）。

无论是哪一种学习模式，似乎都有很多任务需要完成。但在微学习模式下，这些任务更具有挑战性。然而，它们是可以完成的。

我们来看一个真实案例。在过去的两年里，罗宾（Robyn）一直在使用一款名为“自我提升”的应用程序。这款程序以微学习游戏的方式帮助学习者提升一些基础技能，如数学、听力和阅读技能。事实上，这款应用程序通过影响罗宾的自我效能、期望值设定和自我控制，帮助她获得成功：

- **建立自信心（自我效能）。**每一场小游戏中的得分、累积的分数、游戏水平（新手、专家等级别），甚至在同龄组中的排名，都能帮助罗宾建立自信。不仅如此，她还十分享受在语境中学以致用的过程，并为自己感到骄傲。

- **随着时间的推移改变游戏难度，并对参与形式进行调整（期望值设定）。**随着时间的推移，已通过的关卡让罗宾获得了信心，并减轻了打击感。这款应用程序旨在向罗宾发起挑战，但当她在游戏中没有表现出一贯的成功率时，程序就会降低游戏难度。通过这样的设计，她可以返回某个难易度层面，在“通关”的同时，也能感受到一些挑战，而不至于屡屡受挫、自信被击垮。这款应用程序甚至在游戏中也有补救措施。

- **为相同的主题和练习题提供多样的形式（自我控制）。**在多样性方面，每个学科主题都有不同的游戏和技能训练。例如，数学部分有 8 种不同的小游戏，能够让罗宾以不同的方式训练数学能力。为了保持技能熟练程度，除了每日的训练课程，她还可以练习和复习学习技巧。另外，当罗宾使用练习或指导教程时，应用程序会询问她是否要在未来的某天之内设置提醒。例如，她将系统设置成每 3 天提醒她做一次眼部锻炼，从而加强眼部肌肉细看的能力。

这款益智游戏很好地体现了 3 个总设计原则，以鼓励积极行为的改变。这些策略都能够提高学习者的积极性。然而，这并不意味着三者必须兼而有之。并非一切事务都会使预期落空或超出预期，所以我们可能只需要专注于帮助学习者更有信心地完成他们的工作任务。

那么，该如何用计划激励学习者呢？一种方法是明确地说明你将要如何激励学习者。你可以将三列微学习地图作为指引，然后对照其他要素对其进行修改。表 5-2 包含了激励因素这一列。

表 5-2　微学习地图之激励因素版

部门：测控		职位：土木工程师 I 级	
关键绩效指标组：1.0 质量管理		项目指标：1.1 精度和速度	
任务	评估标准	目标（不超过 3 个）	激励因素
检查桥梁，确保其符合 3 项关键性抗震设计标准	在计算机屏幕上给出桥梁的图片，让学习者在 7 分钟内完全按照要求，准确评判出桥梁的抗震设计构件是成功的还是失败的	• 回顾 3 项评估标准 • 识别桥梁构件能否被采纳	将这 3 项评估标准运用到一款计时的游戏中，学习者需要在游戏中找到 7 个元素
▶ 预期目标：巩固知识			

现在，你已经准备好接受我们策略的最后一步：学习方法。基于微学习所采用的方式，每个策略要素之间的相互作用都将富有挑战性。

微学习方式，推送还是拉动

由于学习者始终是所有教育类产品的中心，所以你的主要精力应当用来思考：如何针对他们的动机设计产品。你的设计、学习方式和交付手段都将协同工作，以确保这是一项满足目标用户需求的可靠设计。

例如，罗宾的益智游戏应用程序，毫无疑问是一款既能激发用户热情，又能给用户带来一点挑战的产品。这款应用程序取得成功的一部分原因是非正式的学习方式；另一部分原因是，它的本质是一款游戏；还有一部分原因是，这款应用程序能够在罗宾的手机上运行。无论是在等待开会时，还是在杂货店里排队时，罗宾可以在任何时间、任何地点打开这款应用程序。

实际上，确实存在数十种学习方式，包括游戏化（卡尔的最爱）、简短的情景模拟和信息图表（我们将在第 7 章深入探讨）。同样值得注意的是，激励形式经常会与学习方式重叠。学习方式也可以是游戏，就如同罗宾的益智游戏应用程序一样。

但无论具体的学习方式如何，我们都要了解每种学习方式的特征，并评估这些方式将如何帮助或阻碍激发学习者的动力。通常而言，微学习方式有两种：正式学习与非正式学习。两者有形式上的区别，一种是推送式的，一种是拉动式的。

正式学习与非正式学习

让我们直奔主题，通过表 5-3 对比正式学习与非正式学习的关键特征，可以帮助你：

- 在不确定情境类型的情况下定义情境；
- 在为学习者布置任务时，确定学习方式的局限性；
- 分析学习方式的各种可能性和机会，激发学习者的动力。

正式学习与非正式学习这两种学习情境有着“推”和“拉”的区别。正式学习通常是将学习内容推送给学习者；非正式学习通常是在拉动的情境中，学习者通过查找资料和资源进行自我培训和开发。根据正式学习环境的不同设置方式，学习者还可以在需要的时候，主动汲取正式创建的学习内容。

例如，一家公司组织了一次关于高效管理技能的现场培训课程，玛丽报名参加了课程。这家公司还在幻灯片共享中心上传了面对面课程的资料。玛丽现在可以随时访问这些内容（拉动 / 非正式学习方式）。同样，她可以向同事征求关于提升管理技能方面的意见（拉动 / 非正式学习方式）。她还可以订阅小贴士——每周由人力资源部准备的“关于如何成为一名高效管理者的建议”（推送 / 正式学习方式）。

表 5-3　正式学习与非正式学习的比对

正式学习	非正式学习
由他人设置目标	以个人为主体设置目标
学习者在固定时间段内学习； 学习内容是推送给学习者的	学习时间无限制； 学习者可以在需要的时候访问或提取学习内容； 他们会以自己的学习方式查找信息或内容
学习内容是由他人为学习者设计的	学习者自行设计内容框架，并致力于收集信息、填充内容
学习内容是由他人研发和分发的，或由专业人士（非同事）讲解	内容和信息由同事收集； 学习者和同事之间可以分享他们的专业知识
学习内容保持了一贯性和准确性	学习内容和信息都是不可预测的； 内容的准确性、可信性和相关性均不受控制
学习者必须确定如何学习教材，而不是选择他们认为最适合自己的学习方式	学习者通过创建自己的学习环境来进行内容学习
学习者通常是按计划学习的，或者预留出时间参与学习。这可能会影响到其他的工作	学习安排通常是统一的，也可安排在时间允许的情况下或在需要培训的情况下； 学习者可自行选择是否每天都安排学习活动
开发成本很高	开发成本较低

如果熟悉“推”“拉”这两种学习方式，你就会发现一些共同特征。例如，推送式学习是自上而下的，拉动式学习则是自下而上的。此外，推送式学习更多的是以导师为中心，拉动式学习则是以学习者为中心。然而，在玛丽的案例中，虽然她选择的是正式学习方式，但形式却是自下而上的。此外，人力资源部每周推送的小贴士也不是以导师为中心的。推送的内容是为了帮助管理者提高其管理技能，这只是一种选择，而不是必需的学习任务。

这并不是说推送式学习和拉动式学习的定义及其相关属性是不准确的。玛丽的情况正好说明了前文提到的要点：

- **定义情境。**玛丽选择的是非正式学习方式，学习情境却是在工作场景下与同事一起，学习资源是由人力资源部提供的。
- **根据为学习者布置的学习任务，确定学习方式是否有局限性。**人力资源部可能已经知道，在正式情境下，一次性学习所有的管理技能，可能不会产生高效管理者的预期结果。
- **分析学习方式中可激发学习者学习动力的各种可能性和机会。**基于这一点，人力资源部能够以较为轻松的方式向管理者推送新理念，同时也能够管控所传递的信息和内容。此外，从自我效能和自我控制的角度来看，每周一次推送对学习者而言可能是有激励作用的。

一旦你了解了推送式学习和拉动式学习的交付方式，就可以开始研究具体的方法，为微学习教学设计方式做出正确、明智的决定了。表 5-4 在微学习地图的基础上又增加了一列，是微学习交付所需的方式（具体的方式会在第 7 章介绍）。

表 5-4　微学习地图之学习方式

部门：测控			职位：土木工程师 I 级	
关键绩效指标组：1.0 质量管理			项目指标：1.1 精度和速度	
任务	评估标准	目标（不超过 3 个）	激励因素	学习方式
检查桥梁，确保其符合 3 项关键性抗震设计标准	在计算机屏幕上给出桥梁的图片，让学习者在 7 分钟内完全按照要求，准确评判出桥梁的抗震设计构件是成功的还是失败的	• 回顾 3 项评估标准 • 识别桥梁构件能否被采纳	将这 3 项评估标准运用到一款计时的游戏中，学习者需要在游戏中找到 7 个元素	• 非正式学习 • 游戏形式
▶ 预期目标：巩固知识				

在创建微学习地图之后添加激励因素和学习方式两栏，为制定微学习策略提供了良好的开端。我们既看过详尽的微学习地图，也见过相对简洁的地图版本。重点是如何帮助组织实现教学目标，设计出适合现阶段的微学习地图。这项计划似乎需要大量的前期工作，但一旦顺利实施，终有回报。如果课程学习需要多

年，这一点尤为重要。所以，花点时间制定微学习策略，其他环节自会水到渠成。

准备好微学习策略后，下一步就是思考如何实施了。

微学习清单
Microlearning: Short and Sweet

1. 微学习策略的 3 大核心要素：规划和管理预期结果；激励学习者产生努力实现预期结果的动力；通过恰当的方式交付。
2. 微学习的两种方式：正式学习，即推送式学习，这是以导师为中心的自上而下的学习方式；非正式学习，即拉动式学习，这是以学习者为中心的自下而上的学习方式。

第 6 章

如何规划与实施微学习

Microlearning：Short and Sweet

微学习思考

- 有哪些项目因素会影响到微学习的规划与实施？
- 为什么微学习的实施计划对项目成功至关重要？
- 在微学习开发过程中，有哪些制作步骤？
- 风险与变革管理是如何影响项目规划的？
- 预估微学习开发时间的同时，应当考虑哪些变量？

作为经验丰富的从业人员，我们非常清楚计划不周的培训方案会带来哪些问题。我们还知道，并非所有学习发展领域的专业人士都会用相同的方式履行工作职责。这也是规划和实施微学习项目如此重要的原因。教学设计者有两类极端：一类完全没有接触过微学习，但他们可能在管理、规划或参与培训项目方面有一定的经验；另一类尝试过微学习，但他们仍然摸不着门道，感到心力交瘁。

教学设计者通常会力求低风险、项目预期尽可能不变、团队敬业、时间表安排合理，还希望在原有不错的预算基础上再增加一些。然而，在得到“完美梦幻”微学习组合礼包之前，你应当把现有知识和本章提及的注意事项都考虑在内。

尽管可能多此一举，但我们仍想重申，我们的观点是基于：

- 行业内的最佳实践案例；
- 我们在该领域多年研究的经验；
- 我们认为微学习的某些特性会影响微学习的规划与实施。

Microlearning：Short and Sweet

微学习实践

Failco 公司失败的微学习实施计划

人们会从失败中吸取很多教训。现在，让我们来看一个并不是那么成功的微学习实施计划案例。涉及的公司名称、地点和其他细节已做化名处理，但管理层的错误和失败的根本原因都是真实的。

Failco 公司是一家位于美国西北部的制造业公司，拥有几十年的家具制造历史，产品质量上乘。但是，公司销售额逐渐下降，公司内部很多人将此归咎于新组建的销售团队没有“与产品共同成长”。因此，销售团队需要接受更多的培训。

Failco 公司的销售副总裁助理为了找到提高销售额的好方法，参加了一场介绍微学习优势的简短网络研讨会。在会上，他听到一则实例，对应用微学习之后销售额显著增长一事印象深刻，随即决定将微学习作为销售部门当前问题的解决方案。接下来，第一步就是命令培训部门将现有的线上销售培训课程分割成小块内容，他称之为微学习。

但问题是微学习的课程不能如此简单地被切分。只有一名员工的培训部门需要将一些教学设计投入实践，否则培训就没有意义。此外，由于这个培训项目是在公司陷入绝望且没有任何计划的情况下开展的，所以没有人知道项目预算是多少。随着管理层对微学习的关注越来越多，只有一名员工的培训部门将此视为一个良机，即可以招聘更多的员工来解决日益增长的教学设计需求。在一个月之内，培训部门就新招了 3 名员工。

质量部负责人听闻微学习计划的好处后，决定购买一门现成的微学习课程——精益六西格玛管理课程。她一直都想实施精益六西格玛管理模式，但这个建议始终没有得到采纳。她希望这些模块能够改善组织现状，并使组织朝她所希望的方向前进。但她并没有让信息技术部门审核微学习课程，导致课程只能在移动设备上学习，而不适用于台式机。事实上，在台式机上呈现的效果非常差。可问题是，公司并不会给一线员工配备移动设备，而且员工十分不乐意用私人手机下载课程软件。所以，员工只能在轮班前后的几分钟内分批使用台式机学习精益六西格玛培训课程。可以想象，员工的士气是多么低落，因为整个培训看起来很糟糕，而且组织并没有实施精益六西格玛的计划。这在大多数员工看来，就是浪费时间。

与此同时，销售副总裁助理在向所有 56 名专业销售人员推送与销售相关的微学习内容之前，并没有进行试运行。这导致了技术问题再一次出现——这款培训程序在 iOS 系统上运行良好，但无法在安卓系统上运行。这导致约一半的销售人员无法进行微学习。尽管公司允许销售人员购买他们想买的任何手机，但这种做法很容易引发争议。4 个月之后，销售副总裁助理手下的销售人员和整个培训团队都被解雇了。理由是他们的“预算失控”，“没有培训结果”，以及对整个项目的时长预估不足。这是一次彻头彻尾的失败。

实施微学习计划的影响因素

Failco 公司微学习项目失败的根本原因是缺乏计划性，没有考虑到影响微学习成果的诸多因素，并且没有充分预算成本。然而，此类微学习实施计划在实践上的失败比理论上更为常见。

导致微学习计划失败的原因之一就是忽略了在实施计划时需要考虑到的许多变量，如组织的工作环境、文化理念、配备的技术设备等。微学习项目的组织者还需要参考实施学习计划的经验。的确，Failco 公司看到了微学习的潜力，但当它只是被简单地用作快速开展培训和增加销售额的工具时，培训部门就应当敲响警钟：学习内容是完全缺乏规划或协作的。

现在，你的处境可能并不像 Failco 公司一般，而且我们也知道，不同的人所担负的职责也不同。你可能正在更新一门现有培训课程、发布一个新产品，或教授大四学生游戏设计。每个人的情况都不相同，但实施微学习计划的基本流程是一致的。遵循这个流程可以帮助你免犯许多错误。

比如，开展一项新活动需要更长的周期来实施。并不仅仅是因为会有一些不可预见的事情发生，其他因素也会给实施带来困难，如利益相关者抵制变革。这反过来又会产生另一种需求。在准备实施的过程中，需要计划额外的活动，如营销活动或信息沟通会。

相比之下，对一家多年来已将微学习作为企业文化的公司来说，如采用游戏或增加视频等新的微学习形式不会给组织带来太大的冲击。

当然，不同的微学习类型、模式和应用也会影响实施的进程。我们在此总结了一个实施流程，虽然在实际应用时可能需要些许修改，但基础框架是固定的，能够适用于几乎任何类型的微学习实施计划。你的任务则是提取本书中各章节的内容，结合此处所介绍的框架，制订高效的微学习计划。

套用一种通俗的说法来表达："没有任何计划能经得起在现实情况下实施微学习所遇到的考验。"

计划与实施微学习的 3 个阶段

有了计划与实施微学习的想法之后，应当从哪里开始呢？这是个好问题。我们会在培训发展过程的基础上计划和实施微学习，并立足于 3 个阶段：前期开发、内容制作、后期推广。

在进一步说明这 3 个阶段之前，我们需要定义一下培训发展过程。在我们看来，培训发展过程包括在制作学习产品时开展的活动和各种方法，从初始计划到项目启动会，再到实施计划或者发布产品给学习者使用，并在整个过程中同步执行项目评估计划。

前期开发

前期开发是开发和应用学习产品的计划阶段。在这里，"学习产品"就是微学习。这个阶段所开展的活动，应当包括但不限于：

- 与用户（组织内部或外部的用户皆可）商定项目范围，比如项目期望、预算、时间表、资源和所承担的风险；
- 分析学习者、学习环境、技术规格、教学任务和教学目标；
- 评估之前开发的所有学习资料；
- 收集课程内容和与主题相关的其他材料；
- 明确创新的方向；
- 落实资源（如设备和人才）以及获取资源的方法。

根据你的理性判断来决定哪些活动最有价值，能够在组织中引起共鸣。但是，也不要在前期开发阶段花费太多的时间，导致无法进入内容制作阶段。你需要了解分析、计划工作的深度和程度，明确要执行的任务。你需要做一些前期工作，但并不需要像写一本著作那般进行筹备。

内容制作

内容制作是所有学习资料中实际创建和发展阶段。此阶段的主要目标是遵守约定的时间表，获得（组织内部或外部）用户的许可并降低风险。与创建微学习产品并行的一个隐藏任务就是跟进微学习活动的实施进度。

必要时，可以在前期开发阶段实施微学习活动。例如，在公司内网上测试新的微学习产品，因为 IT 部门需要设置、搭建合适的环境来进行准备。IT 部门可能会通过一件简单的事情来开展测试，比如创建一个新文件夹的架构，也可能会着手更复杂的事情，比如升级公司内网平台，调节服务器上的设置参数以演示不同的文件类型，或者确认配件是否到位。

试运行甚至可能在微学习实际培训开发阶段（内容制作阶段）之前的几个月就已经开始了。如果你正准备尝试一个复杂的学习解决方案，如移动设备的应用程序，或协调其他学习类事件的时间安排，就可能遇到上述情况。例如，如果不先创建一些优先级设置以确定发送的流程，就将 52 封说教式的邮件发送出去，简直难以想象这会带来怎样的后果。你绝不会希望一次性将这些内容发送出去！你还需要和 IT 部门合作，将这些内容发送给合适的受众，并管理好收件人列表信息。而且，根据不同的内容，以及你所在公司的不同情况，发送的信息可能需要由法务部门审批。

在实施后期发生的种种情况，也可能需要比内容制作阶段更长的时间解决。例如，实施的一部分内容是需要从 52 封邮件中抓取使用数据（例如邮件已读率和点击次数）。如果当前的电子邮件软件系统无法提供这类数据分析，那么组织可能需要进行进一步的研究，对数据分析软件进行招标、购买和测试。

后期推广

当你计划好要推广的微学习对象（如果有多个）时，微学习的后期推广阶段就已经开始了。整个项目实施结束时，这个阶段才算结束。后期推广的工作内容包括但不限于：

- 测试或试运行微学习培训项目；
- 根据微学习对象的需要，推广新的培训项目（如合规培训）；
- 在情境适用的情况下，培训前台和技术人员；
- 将最终的产品推送给目标受众；
- 评估培训的部署。

关于评估方面，微学习围绕着项目有效性做出了许多努力。我们在第 4 章提到的一项研究分享了一个令人信服的佐证，那就是，当有效地设计和部署微学习时，微学习对绩效结果就能产生积极影响。鉴于此，我们相信那些在微学习项目上投入时间的人，不仅会评估产品的有效性，还会考量创建微学习产品的过程。关于这两方面的评估，我们将在第 8 章进行深入探讨。

风险与变革管理

为什么在风险来临之前，我们总认为变化是罪魁祸首呢？什么是变化？什么是风险？举例来说，你并不想邀请某位熟人参加派对，但对方却不可避免地发现了你要举办派对的事实，于是你不得不邀请他参加。这就是变化。如果那位熟人还要带一位不速之客一起参加，这就是风险。

在一份新计划中，变化通常先于问题而行。关键原因是：

- 不可预见的问题：不知道自己还不知道哪些事情；
- 预算：低估了每个阶段或所有阶段的预计工时；
- 实施：没有足够的时间去完善基础架构或技术手段；
- 缺乏项目利益相关者的支持。

诚然，风险是随着变化一起发生的。例如，你的高级管理专员刚刚升职并准备离开一个月，开始一项强度很高的管理培训计划。这势必会带来变化，但与其说这是预期的变化，不如说是一般项目风险中的常见因素。同样，公司文化也可能是一种潜在风险。如果公司文化对员工担任其他职务有很大的影响，并能让员工得到内部晋升，那么这就是一种可接受且可以预期的变化。这种情况很普遍，风险很低。

我们之前在微学习计划的实施方面讨论的要点也是如此，经过深思熟虑的实施方案可以降低风险，但随着为了项目成功所进行的改变增多，风险也会增加。微学习常见的实施挑战总是围绕着资源管理问题和提供解决方案的能力而展开，特别是当微学习活动已经排上日程时。你需要根据总体学习计划的流程和时间安排，规划好所有的微学习计划并分发给相关人员（见图 6-1）。

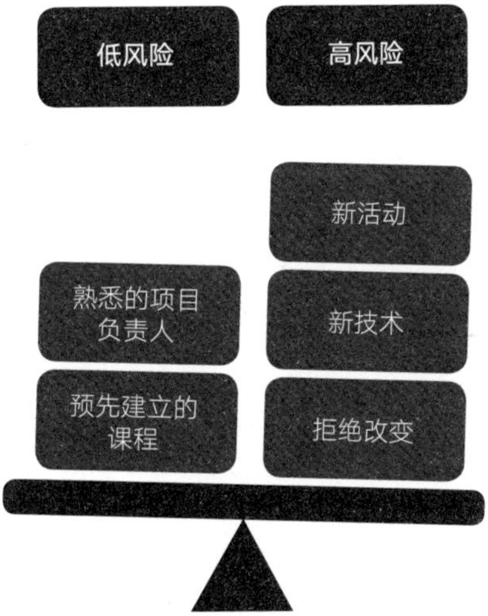

图 6-1　高风险和低风险之间的平衡

让我们来看一份已经被评估过的新员工计划，它在最初的 3 个月中降低了离职率，提高了工作绩效。在扩充微学习计划的那一部分中，它结合了已安排好的电子邮件、视频、播客和线上网络课程的方式。鉴于新员工的角色、岗位不同，一些视频和网课模块略有不同，但邮件和播客内容对每个人来说都是一样的。

作为计划的一部分，你应该意识到你将需要市场营销部更多的参与，来帮助你制作电子邮件和播客内容。你也需要 IT 部门的更多支持，帮你定义用户组并将内容与这些用户对应，以保证在最佳时间向他们推送最佳的内容。IT 部门还需要考虑视频播放问题，需要进行负载和带宽测试，因为之前的培训课程中并没有视频和播客的形式。

接下来，你就会意识到在跟踪和监管培训计划发布方面，需要调整和投入更多的精力。此外，由于内部培训部门的带宽被占用，与供应商的签约却尚未完成，所以你还要设计一张开发进度表，尽可能快速地完成新内容部分的创建。选择承包商也需要时间，因为你需要找到合适的采购渠道。

我们可以将这个过程继续下去，但希望你明白：小小的（即使是微小的）改变也会对资源产生影响。

微学习的可持续性与维护

即使考虑到微学习前期开发、内容制作和后期推广阶段所涉及的因素，你的微学习规划过程也应当考虑到其他的因素。其中一个特别需要纳入考虑的因素就是，如何计划维护培训内容。通常情况下，微学习都是以简要的形式呈现内容，经过一段时间后，你就需要对培训内容进行维护，从而避免内容重复和过时，确保它能够紧跟变化。至少，你应当提前知道何时将微学习内容推陈出新。

如果我们没有强调微学习计划中的维护方面，那就太失职了。我们的研究与客户的经验表明，虽然项目计划中提及了实施问题，但这仅仅是新数字化培训的切入点，只是帮助学习者打开学习的大门。这些计划往往会遗漏有关培训方案的可持续性和维护方面的说明。

回到新入职计划那个案例：这个计划显然有维护环节，并不仅仅是“即插即用”型的。公司的政策可能会变，公司的徽标可能会变，你想传达给员工的信息也可能会发生变化。你需要有一份如何更新内容，甚至是技术迭代的计划。实际上，当你计划随着时间的推移对微学习模块进行维护时，也恰好是评估微学习课程的好时机。我们会在第 8 章详细讨论这个问题，但这并不意味着不能早点考虑评估问题。

此时，你可能会问：如何知道评估计划是否适合微学习内容的维护或实施？如果你在实施阶段不考虑评估微学习项目，或者不确定将如何交付和更新微学习内容，那在此之后才设置评估环节可能为时已晚。你可能没有设置合适的章程或建立链接来收集你想要的数据，以确保微学习的效果达到预期目标。

评估措施需要尽早明确，从而可以确定输入信息的时机。这将会提醒你何时何地实施评估方案。然而，一旦方案开始执行，评估的手段也需要维护更新。以入职培训为例，你的团队将向学习者推送电子邮件和其他的微学习资料。所以，从培训方面来看，在确定的时间推送给你的数据可以作为评估手段的一部分。如果系统或应用编程接口发生了变化，那么推送数据的程序进程也需要进行更改。

4 种方法估算开发微学习的时间

一旦确定了制作、风险和维护等计划因素，就该考虑如何开发微学习项目了。接下来要解决的重要问题是：开发微学习项目需要多长时间？规划与实施微学习计划需要多长时间？标准答案可能不尽如人意，那就是：看情况。

这个答案是基于我们自 2003 年以来每隔几年所发布的研究报告总结得出的。研究的重点是开发 1 小时的微学习培训需要多长时间。我们于 2017 年更新了这项研究。如今，我们不再认为估算微学习或任何学习项目的开发时间是我们最喜欢的工作任务，但我们对影响开发时间的要素有了更多的领悟。

你首先要考虑的是自己在培训开发方面的经验水平。如果你有合作资源或部门内部资源，则可以运用ADDIE模型[①]，并且考虑是否引用模板或样式的指导。如果这些还不够，那你应该检查有其他哪些因素会影响开发时间。其中一些因素也是风险和变革管理方面的影响因素。我们的研究表明，对估算开发时间有重要影响的是：

- 所有项目利益相关者都能理解的一份清晰计划；
- 来自所有项目利益相关者的支持；
- 项目利益相关者与支持人员对预期结果、职责和任务的理解；
- 已明确的开发进程，包括开发的标准、审核周期、模板和样式标准；
- 及时且持续的沟通；
- 用于管理项目范围变更和调整的商定计划。

这些广泛的影响因素涵盖了导致项目进行中出现问题的大部分原因。然而，我们并没有声称它们是仅有的变量。你应该将这些影响因素作为指导原则，根据组织现有情况进行评估，在项目规划中计算这些因素的权重。

① 分析（analyze）、设计（design）、开发（develop）、实施（implement）和评估（evaluate）的缩写。ADDIE模型是一套系统的开发教学的方法。——译者注

如果你想更精准地估算开发微学习项目所需的时间，则需要按小时进行预估。可以参照以下 4 种方法：根据类似项目估算、根据公式模板估算、自下而上将工作解构和根据行业标准估算。

有一件事需要牢记，那就是开发微学习项目的时间几乎总是会比你所预估的时间要长。不要被“微”这个字迷惑了。

方法 1：根据类似项目估算

回想一下你做过的项目，其中是否有与你现在需要开发的微学习项目类似的？请思考下面的问题：你以前做过微学习项目吗？没有。你是否尝试制作过一段视频？是的。你是否为其他学习活动制作过视频？是的。那么，这些制作规则同样适用于微学习项目。不要因为是微学习项目，就认为制作一段视频的过程会有什么不同。尽可能用你已有的知识去估算开发时间。

还有一句忠告：不要陷入以下错误的估算逻辑之中。已知公司开发 1 小时在线学习课程需要 100 个小时。微学习模块只有 6 分钟，也就是 1 小时的 1/10，所以你认为只需要 10 小时的开发时间。大错特错！学习时间短并不意味着开发时间短。例如，拍摄 1 小时的直播视频与拍摄 6 分钟的视频，耗时是一样的，即使录制时间不同，设备调试的时间也不会变。此外，创建一个简短、高强度的学习片段，比你在中小企业的废资料库里漫无目的地翻找 1 小时的资料更困难、更费时。实际上，在卡尔上大学期间，他的祖母给他寄了一封长信，信中引用了马克 · 吐温的话向他致歉："我没有时间给你写一封简短的信件，所以我写了一封长信。"

这个方法的前提条件是这个（微学习）项目与那个项目是相似的。这种类型的估算方法适用于对当前项目缺乏足够信息，或两个项目看起来很相似的情况。当然，如果项目只是看起来相似，实际上并不相同，那么估算时间是不会准确的。这种方式往往更适合估算内容开发时间的大致范围，而不是实际的数值。

方法 2：根据公式模板估算

微学习开发时间的另一种估算方法是，根据经验预估大概需要的小时数，然后针对不同的因素分配权重。此过程与娄 · 拉塞尔（Lou Russell）2015 年出版的《写给培训师的项目管理指南》（*Project Management for Trainers*）一书中所描述的过程相似。加权因素可以用来弥补教学设计师在专业能力等方面的不足。显然，一位专业的教学设计师可能会比一名新手花费的时间更少一些，将这类因素统计到估算公式中是有意义的。

这样的估算类型有一个高级的术语，叫"参数化建模"（parametric modeling）。设计和开发的变量是基于许多因素分配权重的，这些因素包括：

- 专业知识：你与你的团队对教学设计和内容的熟悉程度；
- 与项目相关的工作：计入活动的总时长——可用以说明参与该项目的人数（项目涉及的人数越多，所需的时间就越多）；
- 微学习产品中的互动程度；
- 环境因素：与开发微学习项目没有直接联系的时间因素，例如查收电子邮件、参加客户会议等。

如果你对这种估算时间的方式感兴趣，我们强烈建议你去读一读拉塞尔的《写给培训师的项目管理指南》或卡尔的《在线学习平台的优胜方案》（*Winning E-Learning Proposals*），两者都包含有关估算时间主题的章节内容。

方法 3：自下而上将工作解构

微学习开发时间还有一种自下而上的估算方式，有时被称为"工作分解结构"（work breakdown structure）。自下而上的估算是一个过程，在这个过程中，教学设计师需要将主要的交付任务分解为更小的任务，直至可以轻松地为每个任务分配一个时间值。这个想法的意图是，如果你能够把每一个微学习片段分解为一系列可定义的任务，并估算一个时间值，便可以把所有的任务汇总在一起，进而确定整个微学习项目所需的时间。这也许是估算创建微学习项目所需时间的最精确的方法之一，但整个估算过程本身非常耗时。

需要记住的是，虽然此方法有效，但它并不完美。如果你忘记了某项任务，没有估算团队成员之间需要交流的时间，严重高估或低估了某项任务，都会导致估算结果不准确。

方法 4：根据行业标准估算

如果你之前从未开发过微学习项目，或者你想了解自己的项目开发时间是高于还是低于平均水平，那么运用行业标准估算开发时间的方法会对你很有帮助。例如，你已经知道大多数组织开发一项 10 分钟的微学习课程需要 50 小时，那么你就可以预估自己需要多长时间。由于尚无任何权威部门发布过通用标准，所以也就不存在所谓的行业标准。

“在线学习实验室”（E-Learning Laboratory）的创意总监菲尔·马约尔（Phil Mayor）认为，一般说来时长短于 8 分钟的学习课程需要 3 小时左右的时间来开发（包括收集信息，设计、创作脚本等）。如果某个微学习项目的时长超过了 8 分钟，那么每超出 1 分钟，就需要增加 1 小时的开发时间。举个例子，如果在线学习时间为 9 分钟，那么你就应当估计自己需要 4 小时的时间来开发这个项目。前 3 个小时里，你需要完成前 8 分钟内容的初步开发，另 1 小时的时间用于开发制作第 9 分钟的内容。

这个公式解释了设计与开发教学项目在初期的繁重工作以及调试工作，这与教学的最终时长无关。即使你只拍摄了 2 分钟的视频，调试工作的投入成本也是一样的，因为你需要的摄像机、脚本、照明设备是一样的。所有这些因素都有成本和时间要求，无论是拍摄 8 分钟还是 8 小时，这些因素都不会改变。授课的时长仅仅是排除了调试工作之后的额外时间和成本（调试工作的时间已计入前 8 分钟的预估制作时长中）。

还有人建议将内容输入由模板驱动的微学习工具中，这样可能只需要 2 分钟。这对输入内容来说很便捷，却无法提供任何关于各项工作需要投入多少精力的信息，包括收集内容、设计内容、选择正确的教学策略、编纂或创建内容等工作。在编写本书时，关于微学习项目的开发尚无明确清晰的行业指南。所以说，预估创建微学习项目所需的确切时间既是一门艺术，也是一门科学。

正确实施微学习项目是一个多步骤的过程，包括前期开发、内容制作、后期推广、风险评估和对微学习内容的长期维护。整个过程中最重要的一个部分是，确定团队开发微学习核心内容所需的时间。影响开发时间的因素有很多，尽管我们在本章中列举了一些，但实际过程中还会受到其他因素的干扰。重要的是，你需要选择一种估算的方法，并持之以恒地用这种方法进行统计，这样得出的结果才会为组织工作带来积极的作用。

遵循本章的实施步骤将有助于你的微学习项目进展顺利，减少意外情况。预估到越多可能对进度产生负面影响的因素，你就越有能力降低这种风险。即使你的预估不是百分之百准确（也不可能做到），但将这些因素考虑在内并了解到潜在的风险，能使你更好地为微学习的开发进程做准备。

微学习清单

Microlearning: Short and Sweet

1. 实施微学习计划的影响因素：组织的工作环境与文化，现有的工作流程，现有的技术设备，开展学习计划的经验。
2. 计划与实施微学习的 3 个阶段：前期开发，即规划阶段；内容制作，即创建和发展阶段；后期推广，即实施和评估阶段。
3. 估算微学习项目开发时间的 4 种方法：根据类似项目估算；根据公式模板估算；自下而上将工作解构；根据行业标准估算。

4. 一般说来，时长短于 8 分钟的学习课程，需要 3 小时左右的时间来开发，包括收集信息，设计、创作脚本等。如果某个微学习项目的时长超过了 8 分钟，那么每超出 1 分钟，就需要增加 1 小时的开发时间。

第 7 章

如何设计微学习的交付方式

微学习思考

- 写作方式是如何影响微学习产品的？
- 应当使用怎样的写作风格？
- 如何将有价值的多项问题写进微学习课程中？
- 创建视频或音频类微学习产品的最佳案例有哪些？
- 布局和视觉设计是如何影响微学习产品的？
- 记事板如何从美学角度帮助微学习管理布局？
- 哪些方式可以使微学习变得更有吸引力？

传统的课堂教学形式多种多样，有讲座、集中讨论、现场演示、问答活动和小组练习等，我们倾向于将这些教学方式笼统地归纳为课堂教学。微学习也有许多交付方式，如播客、信息图表等。

本章讨论了各种微学习交付方式在设计时需要注意的事项，以帮助你创建引人入胜的学习内容。由于不确定你想要开发的微学习类型，所以我们提供的技巧范围涵盖了从视频类课程到文字类课程等多种类型。就设计准则或设计方式而言，本章的内容并非面面俱到。本章的目的是帮助你入门并思考如何创建微学习项目。关于如何创建视频或播客的内容，有许多书可以参考，本书并不会事无巨细地一一阐明。本书介绍的内容足够你入门，并从这里起步，但想提升到怎样的水平，则取决于你自己。

Microlearning：Short and Sweet

微学习实践

NBC 环球集团按需设计微学习

下面的案例介绍了 NBC 环球集团（NBC Universal）如何通过微学习提升组织内部员工的表达能力。NBC 环球集团的人才发展团队启用了一款基于实践的微学习应用程序 Presentr，来帮助组织内部员工提升个人表达能力。他们对这款程序的应用十分成功，并开始在组织中的其他部门进行应用。这个案例重点强调了恰当的设计要素如何使应用程序对用户更具吸引力。无论你是自主开发微学习应用程序，还是如 NBC 环球集团一样，评估现有的应用程序能否满足自身需求，这个案例中研究的设计要素对你来说都是适用的。设计要素对微学习的成功至关重要，你需要明确哪些设计要素是必要的，并设法将其融入微学习设计。本章内容将帮助你了解怎样的微学习是经过精心设计的，并教你如何设计出有影响力的微学习产品。

NBC 环球集团隶属于美国第二大互联网服务供应商康卡斯特（Comcast），这家公司是世界上最著名的媒体公司之一，在全球拥有超过 6 万名员工和多家媒体公司，包括美国全国广播公司（NBC）、微软全国广播公司（MSNBC）、美国消费者新闻与商业频道（CNBC）、环球影城（Universal

Studios）、美国高尔夫电视频道、美国气象频道和 Bravo[①]、Telemundo[②]。

NBC 环球集团人才发展团队为员工提供了很多提升领导力的学习机会，其中一个项目是“影响力计划”——聚焦如何发挥个人影响力。参与者向同事兜售自己的想法，最后再传递给他们的一位领导。在课程前期，参与者会向同事推销课程并获得对方的反馈。然而，实践表明，这项练习是极具挑战性的，因为同事反馈组认为自己缺乏客观的专业知识，无法提供适当的反馈意见。一旦没有适当的反馈意见，就很难提升演讲技巧。因此，NBC 环球集团人才发展团队决定为反馈的难题寻找解决方案。

“影响力计划”持续了数月，参与者遍布全美各地。这群人只集体参加了两次现场培训。由于缺乏面对面的培训机会，所以寻找解决方案只能在应用程序、自我调节及短期研讨会的基础上进行。由于参与者必须在日常工作中进行适应性训练，所以微学习就成了一种很重要的方式。练习演讲或准备演讲的课程时长不宜过长，否则容易使参与者变得不知所措并感到自责。

---

① 精彩电视台，美国一家无广告的付费有线电视台。——译者注

② 美国的一家西班牙语电视台。——译者注

NBC 环球集团所寻求的解决方案必须是适合公司现状的。他们想要的方案是灵活的，允许短期练习，可提供课程反馈，并能够追踪参与者的进步情况。参与者必须有效地提高他们的技能，并感受到他们所投入的 5 分钟、10 分钟或 105 分钟能够使他们开阔眼界、提升领悟力、增强自信。最重要的是，要能提高参与者有效传递信息的能力。当然，这个解决方案还需要符合易于使用的特性和功能性。

NBC 环球集团搜寻了几种现成的解决方案，但最终选择了 Presentr——一位提供可移动的沟通技能训练的“教练”。它能够让参与者进行短时间的学习、练习，并提升技能。简而言之，这个应用程序满足公司的所有微学习设计要素需求。

Presentr 应用程序背后的理念是：它就像一位随机应变的教练，能够为参与者提供定制化的服务，助参与者练习演讲。这款应用程序还有如计时器等游戏化元素，以吸引参与者的注意力。教学视频也运用在其中，由应用程序进行判断，它会针对参与者的学习弱项进行推送。这样，参与者就能参加专门针对个人学习需求的微学习活动了。

在“影响力计划”的初期，NBC 环球集团会在应用程序上为参与者提供订阅服务，每周发送提醒及推荐活动信息。

使用这个应用程序，参与者能够练习多项技能。他们可以记录自己的演讲，并得到一个基于音量、节奏、赘词频率的评分。这是演讲技能的基准线。下一步是练习。应用程序会判断参与者哪一方面表现良好，哪一方面需要继续努力，并提供游戏和衡量标准来帮助参与者提升技能。参与者可以输入自己常用的赘词或短语，让应用程序计算他们在演讲过程中说了多少次。这个应用程序还可以通过视频类的微学习课程，为参与者传递演讲的小窍门和技巧。

Presentr 应用程序易读的控制面板功能，可以让人才发展团队监控应用程序的使用情况和参与者的投入程度，并提醒他们进行练习。参与者可以在手机和笔记本电脑上使用这个应用程序，他们会收到项目的虚拟培训登录提示。

在第一年推行 Presentr 的过程中，6 批人（总共约 250 位参与者）将这个应用程序作为个人发展项目的一部分。总体的用户反馈是积极的。虽然最初各个团队对这款应用程序的接纳程度不同，但在人才发展团队的推广下，越来越多的人开始使用它，并且能够更加高效地投入微学习实践中。

随着培训项目取得了积极的成果，NBC 环球集团决定在未来的培训计划中也采用这种方式，并考虑在其他业务领域应用这种技术手段。此外，Telemundo 公司的领导力团队也决定让他们的员工通过 Presentr 应用程序来参与微学习活动。

遵循合理的设计原则

从 NBC 环球集团的案例研究中可以看出，微学习应用程序的设计是有针对性的，其中包含的游戏化元素和视频教学元素，都是为了帮助参与者获得所需的技能。这个应用程序遵循了合理的设计原则，让 NBC 环球集团的员工提升了自我技能，使微学习项目行之有效。

虽然微学习是一种很好的学习工具，但有时无论它的形式如何，都很难激发参与者与其互动，不过有一些技术可以让微学习变得更有吸引力。当然，首先要有引人入胜的内容，使参与者迫切地想要去了解，这是一个很好的激励因素。然而，当组织想传递规则性信息或学生为了通过测试而死记硬背时，课程内容可能就不如参与者所期望的那样具有吸引力。

创建微学习课程时，需要遵循合理的设计原则。也许你无法实现如 Presentr 应用程序那样的交互性，但你也需要在设计时牢记课程的参与度和质量。本章提供了设计原则总览，包括 Presentr 应用程序使用的一些设计原则和其他设计准则，可以帮助你创建有效的微学习课程。这些设计原则涵盖了写作风格、播客、图形布局与美学设计、视频、游戏化、短期模拟人生和记事板等方面。

用 KISS 原则来写作

你应该听说过“保持简短”（Keep It Short and Simple，KISS）这一口诀吧。无论你正在开发哪一种类型的微学习项目（辅助工作、播客或视频），都需要牢记这条重要的设计原则。会议记录很重要，但传递简要的信息可能更富有挑战性，特别是对你熟悉的内容和主题。你可以在以下两个方面集中精力，用心写作：一是创作简洁且生动的脚本；二是学会提问，吸引参与者专注于核心的课程内容。

文案简洁

当你为微学习课程编写内容脚本时，要确保内容中没有冗长或繁复的解释说明。这正体现了 KISS 原则——简明扼要，直击要点。但是，在创作微学习课程脚本的过程中，冗长会成为一个问题。你要克制力图打动学习者的那种欲望，只需要专注于如何传达你的信息。冗余的字词会使句子变得杂乱不清、意义不明，所以要集中精力“修剪”字词，尽量精简。表 7-1 罗列了一些冗长的短语，以及使其变得简练的建议。

表 7-1　冗词变简语的案例

冗词	简语
绝对必要的	必不可少
预先通知	预告
先于预定时间	提前
大批量的	很多
时至今日	现在
很多不同的方式	多种方式
令人费解的	困惑

一旦你开始精简单词，将精力专注于内容上，便能凸显信息的核心。那么你要如何编排文字，聚焦核心内容呢？请尝试以下方法：

- **设置主题句。**这将是你的总概述句，为你将要呈现的内容进行最广义的陈述。最重点的内容需要尽心尽力地去准备；
- **详细阐述。**这部分将会涉及特别的内容，你需要投入 80% 的精力；
- **（根据需要）举例说明。**这部分比较简单，放在详细阐述之后与学习者相关的地方。根据详细阐述的内容，你可能需要引出一个示例。

你所编辑的信息看起来就像这样：

依靠某种技术来缓解意外冲突，对于迅速稳定局势是至关重要的（设置主题句）。通过运用 PRISM，可以创建属于你个人的方法，例如暂停会议，删除无关的同事，询问冲突的根本原因或问题，陈述委婉的观点并进行调解（详细阐述）。

注意：在本段中不需要举例说明，因为详细阐述的部分已经提供了足够的信息。

遵循这种简单的 3 步法大纲，可以帮助你聚焦在学习者想要获取的信息上。

主动语态

多使用主动语态是另一项设计技巧，可避免冗长的内容，为你的微学习内容增添趣味性，提升学习者的参与度。当你使用主动语态时，句子的主语是动作的执行者；而当你使用被动语态时，动作的动词是以辅助形式出现的。主动语态比被动语态更加直接，可读性也更强。虽然你不可能每一句话都用主动语态，但在条件允许的情况下，插入主动语态句式确实会带来好处。

在审查你的脚本时，请找出动词不定式 to be 的所有形式，如现在时（is, are，be）、过去时（was, were，been），它们都可能是被动语态。例如，在“The expense form was completed on January 15”（费用表已于 1 月 15 日被填写）这句话中，主体 expense（费用表）正在被执行（被填写），所以整个句子是被动语态。为了把句子改成主动语态，你需要确定动作的执行者。假设执行者是胡安，那么主动语态的句子是：胡安于 1 月 15 日填写了费用表。

在可能的情况下，请尽量在微学习脚本中使用主动语态，因为它能使书面语和口头语更具有会话性的语调。研究表明，这样的语调更有利于学习。需要注意的是，在线学习研究者露丝·克拉克（Ruth Clark）和约翰·迈耶（John Mayer）在 2011 年指出：“建议尽可能地使用非正式的写作方式，这样会让学习者感到有互动性，但也不要使用过于非正式的形式，以免学习者的注意力分散，或使培训资料的内容不受重视。”

正确设计问题，才能创造好的学习机会

大量的微学习设计都试图让学习者从他们的记忆中检索到学习内容。你可以运用提问技巧来实现这一点。由于检索内容是许多微学习设计中不可或缺的一部分，因此我们要回顾一些指导原则，以便提出更好的微学习问题，促进学习并帮助学习者将遗忘曲线放缓。

问题要准确清晰，然后再经过检验

第一条指导方针是，提出的问题要准确且客观，避免模棱两可或带有主观性。一个客观的问题会使多个答题者对正确答案表示认可。这一点很重要。因为当答题者质疑一个问题，认为题目有歧义或有多个答案时，他关注的焦点就会转移到问题的设计上，而不是你想传授的内容上。所以，问题的设计必须是清晰明确且不容置疑的。

第二条指导方针是，考虑问题中使用的词语及其可读性如何。你是想通过这些问题测试员工的知识水平，而不是考验他们

的阅读能力。针对医药销售等专业人员的微学习可能会涉及很多专业术语和概念。你也可能为第二语言是英语的员工设计微学习问题。针对这些情况，你需要谨慎地使用措辞和句子结构。

为了确保你的问题清晰易懂，你可以让一组培训人员或一部分受训人员先做测试。这将有助于确保学习者不会曲解问题或感到困惑。如果你修改了任何问题，请记得重新调整，再进行测试检验。培训的核心应当在内容上，而不是在结构或问题上。在这一过程中，可能需要进行多轮测试。

测试不同的学习程度

接下来就是衡量学习程度的问题。许多问题都与学习者的记忆和回忆信息的能力相关。尽管这些问题很重要，但这并不是微学习应当使用的唯一类型。

你还要考虑的是督促学习者理解内容及其影响的问题。举个例子，你可以向学习者询问关于正向排程（forward scheduling）方面的问题，作为项目管理中的一个环节。学习者知道若要正向排程，他们就需要从当下开始预估未来，从而确定何时可以完工。学习者可能暂时无法应用这些概念，但他们并没有对术语死记硬背，而是理解其含义后灵活记忆。

当然，一旦理解了某个概念，下一步就是应用。所以，如果一个人懂得什么是提前调度法，那他会实际操作吗？若要测试这一点，就需要给学习者提供一些数据和问题参数，并要求他们演示什么是正向排程。如果他们根据给定的问题参数正确地选出了日期，那么就说明他们知道如何操作正向排程。你可以使用应用类问题来判断学习者的表现。在微学习框架下使用这类问题，对于推进变革或强化行为有着重要的作用。

还有一类问题是分析类问题。这类问题主要是为了判断学习者能否分析情况并做出判断。继续我们的例子，你可能会给学习者布置安排进程的任务，然后问他们：就目前的情境而言，适合用正向排程法还是反向排程法（backward scheduling）？针对这个问题，学习者需要阅读情境资料，了解正向排程法和反向排程法的定义与应用，确定哪个方法最为适用，然后做出选择。这是一个需要处理更多认知信息的过程，但有助于加强学习者对概念的理解。

如你所见，创建与微学习内容相关的问题，进而测试微学习的效果，可能会涉及多个维度的学习，而不仅仅是简单的记忆测试。如果你能够正确地设计问题，就会为学习者创造一个很好的学习机会。

创建高效播客的 7 大技巧

将播客或音频片段作为一种微学习工具的好处在于，学习者可以在做其他事情（如通勤或慢跑）的时候学习。与其他微学习内容一样，播客或音频片段需要吸引学习者的注意力，使他们保持专注的状态。这与信息的节奏和呈现方式息息相关，也说明为什么信息清晰、简明又引人入胜是如此重要。吸引力就来自演讲人的演讲风格。

下面是一些关于创建高效播客的技巧，包括在哪里录制、需要怎样的设备、如何使用手机、如何打开播客，以及如何与听众对话。

找一个舒适安静的地方录制。如果你经常被打断或很容易分心，就需要录制多次或在后期花费很多精力编辑中断之处。

在找到适合录制的地点之后，你需要确保你的设备没有问题。高质量的麦克风或头戴式耳机是必不可少的，但这些设备也无需太贵。至于选择麦克风还是耳机，取决于你在说话时是否需要经常走动。如果需要走动，那么头戴式耳机可能更适合你，因为即使你走来走去，耳机上的麦克风也会一直跟着你。使用固定式麦克风的话，如果你走动或在录制时没有与之保持恒定的距离，音量就可能会发生变化。

你可能需要在身边放一杯温水，以防口干舌燥。水温最好接近室温，因为太凉的饮品会“冻结”你的声带；而若不注意，大口喝了过热的饮品，则可能会引起烫伤。也不要喝碳酸饮料——你一定不想在录制期间打嗝，不想在后期编辑的时候，不得不处理打嗝的声音和碳酸饮料持续冒出的气泡声。当你需要喝水时，请将麦克风设置为静音，要知道，吞咽的声音并不吸引人。

另外，在开始录制播客之前涂抹一点润唇膏，可以减轻嘴唇干燥时发出的摩擦声。

将录制地点内的电话静音，无论是座机还是智能手机。这是人们很容易忘记的一点。如果你有座机，可以考虑拔下电话线，以免电话突然响铃。手机则需要调成静音，不要只是调成振动模式。因为即使是手机振动的声音，灵敏的麦克风也能捕捉到。

当你打开播客时，尽量将介绍部分缩短，20 ～ 30 秒即可。要记住，听众想听的是课程内容，你并没有很长的时间来培养他们聆听的兴趣，所以尽早吸引听众的注意力为好。试着用精彩的内容开场，接着引入主题和其他信息。不要忘记告诉听众你的名字。你一定不希望坐在教室里听讲却不知道讲师的名字吧？微学习播客也是如此。

当你对学习者说话的时候，想象他们都在你对面。要把播客看作与学习者的对话，而不是你一个人的独角戏。通过这种方式可以与学习者进行互动，使他们觉得你好像在对他们说话一样。你也可以考虑在手边放一张听众的照片，以集中你的注意力。有了可以“交谈”的对象，你就会感觉不那么像对空气说话，而更像是与现实中的人交流。

播客的后期制作通常需要花费一些时间和精力，因为前期的录制很少会完美无缺。在后期制作中，可以考虑添加一些背景音乐、环境声、采访的格式等，以吸引学习者，让他们持续收听。

每个图像都有一个目的或结果

你将在微学习课程中看到多种类型的图表，比如信息图表和工作辅助工具，它们都以简洁的形式来呈现内容。当你在信息图表或线上内容中插入图像时，请记住这句话：“有时候图像是有助于学习的；有时候图像没什么用，但也不会造成什么损害；有时候图像不但没有帮助，还会分散注意力。”因此，要努力让图像为你的微学习课程增值，而不是让它们分散学习者的注意力。

无论图像的类型如何，你的目标都是一样的：简洁有效地传递正确的教学信息（这里又运用到了 KISS 原则），因此不要仅仅为了视觉效果而随意插入图像，每个图像都应该有目的或结果。例如，想想心肺复苏术的宣传海报。运用图表和简短、可操作的陈述语句，将实施心肺复苏的步骤以清晰、易遵循的格式一一列出。图像和简短的陈述会让实施步骤更便于记忆，最大限度地减少心肺复苏术实施者的反应时间。

若要理解复杂又令人困惑的内容，最好的办法是将这些内容通过一条简单且突出重点的信息生动形象地呈现出来。图像可以使教学内容变得更为清晰明了，而这些内容仅仅凭借文字的描述是很难理解的。图像同时也有助于内容的拆解。它们能为主题提供简洁的说明，帮助学习者梳理思绪，并为他们提供一个支点，使学习者将其他概念和想法填充进来。

在选择图像时，需要时刻牢记最终的教学目标。照片、超真实图像或由计算机合成的专业渲染图可以体现细微之处，特别是当学习者经验丰富且需要精准地实施应用时，图像的方式尤为见效。例如，学习查看心脏的超声心动图时，需要读取真实的照片才会产生学习效果。然而，如果你想教授的是心脏的基础解剖学，那么这张照片可能包含了过多的细节内容。在这种情况下，简单的绘画可能比真实的图像更有助于学习。

如果需要向学习者讲述数据或统计信息，则可以使用图表或图形的方式进行呈现。这些方式之所以很有效果，是因为它们能占用相对较少的空间，来传达较多的信息。这种方式非常适合微学习。我们通常可以通过快速浏览精心设计的图表传递所需的信息。

你的图形或图表中需要涵盖几项关键信息，以便学习者能够快速解读内容。不要低估描述性和信息性兼备的标题的必要性。恰当的标题能够告诉学习者图表展示的信息，以及其中各数据之间的关系（若可能的话）。另外，不要忘记插入关键字和图例，它们能起到解释的作用，旨在告诉学习者不同的阴影、颜色或图案代表什么意思。图例甚至还可以嵌入图形中，这在信息图像中是一种很常见的手法。无论图例的位置在哪儿，它对于学习者理解所呈现的内容都是必要的。

如果你想加上一张流程图，那么请务必解释清楚每个符号的意义，并指明它们的走向，无论是信息、库存，还是你所指代的任何事物。同时，要保持简洁明了。这是一个微学习课程，呈现出的完整流程图可能有些复杂，你需要将图像放大至各项目环节，并进行解释说明。

不要把录制内容切割成小视频

微学习课程中经常有视频内容，下面的一些建议是关于如何创建足够吸引人的微学习视频片段的。这些建议基于罗切斯特大学计算科学系助理教授菲利普·郭的研究，以及我们在微学习视频课程方面的经验。菲利普·郭的研究成果是对 690 多万人观看 edX 课程的观察所得；我们的经验则来自领英学习平台和其他视频节目，以及与学习者的一对一访谈，用以找出在视频内容输出方面，哪些内容是最有意义的。以下内容就是我们的经验总结。

首先，切忌简单地录制课堂讲座或研讨会，然后将录制内容分割为小视频，作为微学习课程进行传播。课堂的场景设置永远使学习者和授课人之间有一段距离，而教室里的投影视频会使这段距离变得更远。我们知道这种方法很诱人，因为成本相对较低且易操作，不需要很多计划安排，但这不是传递学习信息的好方法。恰恰相反，你需要事先投入时间。我们在第 6 章的“前期开发”部分讨论过这个问题。我们发现，你会花费更多的时间来提前计划如何开展微学习项目：是从制作的角度，还是从学习者的角度开展效果好？

其次，单纯播放没有声音的幻灯片不仅对学习者无效，带来的观影感受也不好。我们都知道这一点！如果可能的话，在播放无声片段的同时，每隔一段时间加入一段授课人的讲解视频。更好的办法是，把这段视频当作使用幻灯片讲义的讲师或培训师的辅助视频。同时，聘用热情洋溢的讲师，以每分钟 125 ～ 145 个单词的语速进行授课。这样有助于学习者集中注意力。要让学习者如同在教室里听课一般迸发出热情。

最后，下一个技巧很可能与电视真人秀相关。毕竟学习者也不会期待有影院品质的微学习课程。

在智能手机、短视频平台和 YouTube 视频平台上都可以创建十分个性化和具有联结性的视频。从学习的角度来看，这种联结性和与学习者直接交流的能力对于授课成功是十分有效的。所以，请保持这种非正式授课状态。你可以使用智能手机或廉价的相机，这样做不会影响它的有效性。

思考你正在制作的微学习视频类型，并进行相应的设计。例如，如果你要制作操作类视频，你可能需要设置一些书签或链接，以便学习者直接找到他们想要的内容。对于讲座类视频，你可以合理推测出学习者只会看一两遍，所以你需要把精力重点放在他们的初次观看体验上，而不必太过期望学习者会多次重复观看，因为他们通常不会。

讲解类或板书类的微学习视频往往会采用动画的形式，而不是请一位真人解说或演示某个过程。以下是成功制作此类视频的一些小贴士：

- **不要过度使用动画和特效。**用于制作讲解类视频的软件，通常自带许多特殊效果的功能和工具，比如淡入、淡出和摄影机运动（camera movement）。尽管你可以使用它们，但如果将一项功能叠加在另一项功能之上，那么学习者就容易被动画和特效吸引，从而导致可能跟不上学习进程。所以，要保证视频内容简单明了并谨慎使用特效技术。
- **音频很重要。**确保你的音频是高质量的，避免背景噪声、由劣质耳机发出的低频嗡嗡声，以及计算机运行的风扇声。
- **考虑以讲故事的方式教学。**故事能够吸引学习者的注意力，也能呈现教学内容的上下文语境，对讲解类视频来说非常有效。
- **保持动态。**人的眼睛能够快速处理视觉信息，所以你要使用多样的图画和动作来让学习者保持专注的状态。

运用游戏元素，不要改变学习内容

游戏化意味着运用基于游戏的机制、美学以及游戏思维来吸引学习者，激励其行为、促进其学习并解决问题。这种方式通过使用游戏元素来促进学习，并激发学习动力。微学习通常使用被称为结构游戏化（structural gamification）的形式，运用游戏元素将内容推送给学习者，而不改变学习内容。例如，学习者每答对一题可以获得10分，如果答对足够多的问题，就能获得一枚徽章。所以微学习设计者要将这两个要素与其他元素相结合，鼓励学习者交互学习。

在整个游戏化的过程中，学习者并不会从头到尾地玩游戏，而是会参与包含游戏元素的活动，如赚取积分、完成闯关或某些任务后赢得徽章。你可以将视频或手机游戏中常见的游戏元素与微学习课程相结合，以激励学习者定期参与学习。表7-2列出了各种游戏元素及其用途（预期使用效果）。

表7-2　各种游戏元素及其用途

游戏元素	用途
积分	正确程度 做正确的事情 随着时间推移所获得的成就
进度（项目栏、游戏界面）	随着时间推移所获得的成就 朝目标前进
徽章	获取知识 对某项成就的认证
排行榜	与他人的表现相比较 针对标准或个人的表现 归属感和贡献度

续表

游戏元素	用途
虚拟化身	随着时间推移所获得的成就 个性化 对成就的认证
等级	获取知识 朝目标前进
故事	提供背景和目标
社交方面	归属感和贡献度 目标感

短期模拟人生，只有一个场景和一个目标

除了游戏化的方式，短期模拟人生（short sims）是推动学习者参与微学习活动的另一种方式。国际模拟设计师克拉克·奥尔德里奇（Clark Aldrich）率先提出“短期模拟人生”的概念，并将其定义为一种交互体验——用户只需 5 ～ 15 分钟就能完成。奥尔德里奇指出，可以使用短期模拟人生引入某个主题，让学习者在娱乐中理解概念，并为学习者提供常见的模拟角色和体验。学习者不需要进行全方位的角色扮演或强化概念，只需简单地与模拟的人物角色互动，做出符合实际的选择并得到反馈意见。完整的仿真模拟可能需要花费大量开发和交付的时间，相比之下，短期模拟人生的优点是可以只聚焦于某个知识点，用更短的时间

完成项目搭建。

在短期模拟人生中，学习者只需要与一个人物角色互动，专注于执行一项任务，例如突破守门员的防守。学习者可以根据需要，在短期模拟人生中与人物角色多次互动，但目标始终不变，那就是“突破防守”。一旦学习者成功实现了目标，短期模拟人生就结束了。短期模拟人生不会存在多个人物角色或场景，只有一个场景和一个目标。

短期模拟人生模式是一种能够让学习者保持专注，进行快速练习并应用关键性决策技能的方法。

短期模拟人生可以为学习者呈现完整的执行过程，记住学习者过去的决策，并回顾之前的课程内容。学习者还能得到学习反馈或部分学分。在微学习课程中加入一系列的短期模拟人生是非常有用的，这样学习者既无须花费数小时参与系统、复杂的模拟课程，又能学会重点知识的应用。

开展短期模拟人生活动时，需要牢记以下几点：

- **短期模拟人生与执行有关。**学习者必须去操作、执行，做出决定、采取行动或进行操作。如果你无法根据教学内容设定指定的行为或操作，就不要开展短期模拟人生活动。

在这里，你要考虑的是活动的操作、执行，而不是课程的内容和记忆问题。

- **要持续思考衡量项目成功的标准。**当你设计短期模拟人生活动时，要考虑如何衡量学习者的成功：是他们做出了正确的选择，还是他们正确地挪动了某个物体？这些指标可以评估一项任务完成得糟糕还是优秀。短期模拟人生中的每一个动作或决定都与某个评估标准相关，每个评估标准又都与评分系统相关，分为“好、较好、最佳”3个等级，从而使学习者了解好的选择与最佳选择之间的差异。
- **短期模拟人生要基于现实。**短期模拟人生应当基于学习者可能遇到的实际情况来设计。这并不是一场游戏。短期模拟人生常常被用作社交模拟，来评估两人或多人之间的互动模式，也可用于模拟对某项设备或机器的操作。

创建记事板，充分利用微学习中的有限时间

既然我们已经给出了创建微学习课程所需的技巧，并介绍了如何使其更具吸引力，那么现在你一定想开始创建实际的微学习产品了。但在此之前，我们强烈建议你为微学习课程开发过程创建一个记事板。

使用记事板可以确保你充分利用微学习课程中有限的时间。运用本章介绍的内容编写微学习课程脚本，并将其与技术、参与度相结合，会使微学习的影响力发挥到最大。无论使用哪种技术，你都要为将创建的每一个微学习产品制订一份周密的制作计划，从视频、播客脚本，到信息图表的草图等。

为信息图表或海报绘制草图的任务似乎相对容易些。你只需要拿出几张纸或打开计算机设计程序，然后粗略整理一下或拖拽一些剪贴画，就可以大致厘清出你的总体思路。绘制草图很重要，必须在你将其交给设计师之前完成，因为你的想法最终需要由他来呈现。

如果你的微学习课程涉及播客或视频内容，那么你的记事板可能会更复杂一些。如果你的微学习课程是基于视频或动画的类型，最好创建一张包含以下内容的记事板表格：

- 如果音频缺失，讲师或高级管理专员将要说什么，或者屏幕上将要展示什么？
- 当学习者正在观看教学内容时，屏幕上所呈现的是什么？
- 需要使用哪些数字化手段，是图片、图表、示意图，还是一段视频或一张白板画？

这样做的目的是让微学习开发人员获得创建微学习产品时所需的信息，同时确保他们知道需要收集或制作哪些资源，用以加入视频中。例如，表 7-3 展示了某位动画师或制作人需要其他人为第二部分的脚本画一张白板画的记事板。在微学习视频开始录制之前，这样做有利于了解需要创建的内容或图片摆放的位置。表 7-3 也记录了视频需要展示的内容，后期制作需要哪些资料，以及哪个元素需要与教学的哪一部分共同使用。

这种类型的文案脚本可用于基于视频教学的微学习或其他动态类型的微学习，如卡通动画、定格动画或板书讲解类的视频等。

设计微学习产品与设计其他学习资源并无不同。你需要对技术有所了解，理解学习目标，并尽可能地使每项工作行之有效。由于微学习课程的时间比其他学习项目要短得多，因此，至关重要的一点是，产品质量必须达到学习者的期望。

使用本章中的提示和技巧可以为微学习产品设计入门打下良好的基础。但请记住，这只是冰山一角，关于这些设计课题还有其他章节、诸多书目和课程可以参考。例如，卡尔就有几门关于游戏化的线上课程，以及三本关于这个主题的著作。因此，如果你发现自己需要深度学习这个课题，那么利用其他资料来完善你的微学习游戏设计是最好的做法。

表 7-3　微学习课程的记事板

文案脚本	模块设计	文件资源
一个经常提及的问题是："如何找到融资机构？"这个问题很简单，却有很多答案。如今寻找资金来源的方式比以往都要多	卡尔讲话	剪贴画文件 文件：教师说话的 PNG 图片
一个好的开头是与经验丰富的同事协作。在会议上向组织内部成员询问，他们从哪里获得了资金，或哪家大型机构、组织在该专业领域投资了项目。如果你所在的行业有供应商展会，可以询问其中一些供应商是否有捐赠或投资的机会	两名职员在大厅或会议室中交谈	在白板上手写下面几个要点： • 经验丰富的同事 • 会议 • 你所在的机构 • 供应商展会
另一个寻求政府资助的好地方就是政府资助官网。你在这里能找到或申请联邦补助金。你可以在这个官方网站中搜索关键词或短语。例如，你想找到与"课堂教学技术"（classroom technology）相关的补助金名目，那么只需要在搜索框中输入这些词，你就会得到包含这些关键词的、由政府颁发的所有补助金信息	网站展示	政府资助官方网站（展示搜索"课堂教学技术"的过程。大概需要 5 个步骤。在录制人说话的时候，点击显示页面）
你可以进一步查看关于特定名目的拨款申请，并查看代理商的基本信息、到期日期、资质标准以及其他关键信息	展示如何查看一项特定名目的拨款申请信息	政府资助官方网站

当你计划好如何设计微学习产品后，就该开始评估微学习的成效了。我们将在下一章探讨这一问题。

微学习清单

Microlearning: Short and Sweet

1. 使微学习的交付方式更具吸引力的方法：

- 用 KISS 原则来写作，简明扼要，直击要点；
- 提出准确且客观的问题，提前测试问题；
- 创建音频，要尽早进入主题；
- 让图像为学习内容增值，而不是分散学习者的注意力；
- 不要把录制内容切割成小视频；
- 运用游戏元素，不要改变学习内容；
- 短期模拟人生，保持有限的互动，只设定一个场景和一个目标；
- 创建记事板，充分利用微学习中的有限时间。

第 8 章

如何评估微学习的成效

Microlearning: Short and Sweet

微学习思考

- 评估微学习的有效性为何如此重要？
- 评估微学习的切入点有哪些？
- 柯克帕特里克的 4 级评估模式可以用来评估微学习吗？
- 当应用微学习时，除了评估学习者，还应当评估什么？
- 培训开发人员应如何评估微学习开发过程中的工作流程和培训方案的持续性？

到目前为止，我们已经强调过，创建和应用微学习并不意味着不顾及学习发展的最佳实践。尽管我们的注意力很容易集中在微学习的设计、发展和实施阶段，但也不应该忽略评估这一步。为什么你投入了如此多的精力，却不知道项目的有效性如何？你一定想知道微学习是否能提升学习者的绩效，微学习能否对组织内部和学习者产生影响。

组织是如何实施微学习项目，又是如何让学习者跟踪自己的学习进度的？下面这个微学习平台公司 Axonify 的案例，能够诠释这一点。

Microlearning: Short and Sweet
微学习实践

约翰·汉考克投资公司如何使用控制面板评估微学习成效

金融行业是一个日趋复杂的领域，不仅有难以理解的规章制度，还有持续不断的变化。与此同时，行业内的员工需要掌握相当丰富的产品组合知识和公司政策制度。将这一切全部牢记在心、放在第一位是不可能的，尤其是刚入职的新员工，他们经常会被大量信息搞得晕头转向。虽然传统的培训方式仍然很重要，包括频次不高的课堂教学、在午餐时间进行的学习和部门会议，但这些方式已无法满足现代金融服务工作场景的需要。

这就是约翰·汉考克投资公司（John Hancock Investments）在2014年业务发生重大变化期间所面临的现实问题。公司高级副总裁兼首席财务官查尔斯·A. 里佐（Charles A. Rizzo）在 2017 年说："当任务复杂性提高时，其固有风险是员工对政策和程序的理解不够充分，导致我们无法提供签约时所承诺的服务水平或有效地控制风险。"里佐正在尝试找到一种办法，以帮助他的团队在降低风险的同时提高绩效。他不仅希望信息能够在组织内部流通得更快，还希望保证信息的一致性和完整性。他进一步解释说："人们应当在他们需要的时候得到他们想要的信息，这样才能发挥出最好的水平。"

虽然里佐是财务背景出身，但当他拜读美国奇点大学创始执行理事萨利姆·伊斯梅尔（Salim Ismail）的《指数型组织》(*Exponential Organizations*)[①]一书时，偶然发现了一种解决这个问题的办法。这本书中引用了位于加拿大滑铁卢市（Waterloo）的一家学习科技公司 Axonify 的案例。这家公司正在运用微学习的方式解决与约翰·汉考克投资公司类似的业务问题。微学习对里佐来说是个全新的概念。但几个月后，他就在公司和自己的团队里，通过 Axonify 公司的帮助引入了这一理念。

自 2014 年实施微学习项目以来，约翰·汉考克投资公司已经通过这一新的学习策略将其商业价值明确化。“在我们把 Axonify 公司的方法推广给 100 多名员工之后，我们发现培训参与率、员工敬业度和绩效表现之间存在直接的相关性。”里佐进一步解释道，“我们的员工越来越了解部门内部其他团队的角色和职责。最重要的是，一直参与微学习课程的员工，犯错的概率更低。”

约翰·汉考克投资公司使用 Axonify 公司的产品，每天为金融服务团队成员提供不到 5 分钟的微学习课程。每节课都利用了检索练习这一科学的学习原理，针对员工特定的岗位，按照信息的优先级，提出 3 ～ 5 个问题。问题

① 该书归纳了指数型组织的 11 个强大属性，并提出了建立指数型组织的 12 个关键步骤。其中文简体字版已由湛庐文化策划，浙江人民出版社 2015 年出版。——编者注

会在几个课时后以不同的时间间隔反复提出，确保员工在较长一段时间内都记得这些培训内容。员工从产品和流程的基础知识学起，然后他们的知识储备会在几周到几个月不等的时间内得到极大的提升，这使他们能够回答更多基于实践应用和情境的问题。微学习课程能够在员工的工作电脑或移动设备上完成。

约翰·汉考克投资公司运用激励策略，让微学习的培训体验更有趣，也更吸引人。员工可以选择在每节课中玩一个简单的小游戏。当他们完成训练并答对问题时，还能获得积分奖励，从而可以和队友一起进入排行榜。这些策略搭配高质量、针对岗位特性的培训内容，会使微学习课程的参与率超过 90%，员工平均每月都会完成 15 节课左右的培训。

与组织通过传统培训实践来收集信息的方式相比，微学习还提供了更及时、更可靠的收集培训数据的方式。通过记录实时数据且具有可视化功能的操作面板，管理人员可以快速查看谁参与了培训、谁没有参与，还可以深挖员工的背景资料，明确他们的特殊需求，为员工提供个性化辅导和专业领域方面的知识。高级管理人员可以一目了然地评估出组织当前在关键课题中的知识水平，而不需要创建复杂的表格或数据透视表。

5 年来，约翰·汉考克投资公司一直将微学习原则作为其学习转型工作的一个关键组成部分。每天只需要 5 分钟，微学习就能让员工记住并应用使他们高效完成工作所需的关键知识点，在为客户提供高质量服务的同时，还能规避风险。这一切都是实证研究的科学学习原理和现代技术的功劳。在里佐看来，“微学习的关键性附加值在于，我们能够推送对业务至关重要的培训内容，同时为团队中的每名成员提供一致的信息。微学习让我们更容易将内容不断迭代更新，以能够适应公司业务不断发展的本质、产品不断变化的复杂性，以及我们所提供的不同服务的特性”。

衡量和评估的重要性

如你所见，约翰·汉考克投资公司可以通过平台内置的控制面板和其他报告工具实时评估微学习项目的有效性。这为组织提供了即时且可操作的信息，这些信息都与正在组织内部发生的学习活动的有效性息息相关。

我们希望这种可操作、易获取的数据能够成为行业标准。但根据我们的经验判断，这并不可能实现。我们见过诸多令人失望和受挫的案例，因为那些学习计划中从未有过一份完整的评估计划。如果你从一开始就没有将评估计划考虑在内，可能就意味着当你做错了某事时，你并不知道哪里有错误或者为什么做错了，所以你可能会再犯同样的错误。是否因为学习者没有系统权限，而无法访问相关的学习内容？或者是否即使学习者有权限，你的学习内容对他们也没有任何帮助？

图省事、忽略用于明确培训成效的评估工作，看上去似乎没什么大不了的。但评估是唯一可以判断你的努力是否有价值，或者说成效如何的方法。试想一下，当你的想法很好，你自己也很努力的时候，计划却在执行过程的某个环节失败了，这是多么令人沮丧的一件事；你的培训团队和学习者也都因此受挫，遭受损失，这真是太可惜了。

我们并不认为你是与世隔绝的，所以我们假设你已经意识到，数据对于提高绩效及培养组织内部人才来说越来越重要。诚然，数据一直是必不可少的，但其需求依然在日益增长，尤其是人们一直在关注学习表现的提升（更不用说对缩减培训预算的关注）。这就是为什么我们从第 3 章开始就强调了衡量与评估的重要性，并要求在应用中列出可能的衡量标准、设计注意事项和情境案例。

我们也知道有人在努力赶上创新潮流，结果却不尽如人意。经验表明，当利益相关者要求尝试新鲜事物却又没有管理、改革和维护的能力，更不会对其进行评估时，最终的实践注定会失败得很彻底。随着微学习理念不断发展，关于绩效发展的短视思维日益凸显，这是由移动科技和“现在就需要，现在就知道”的文化引发的一种想法。这种“只要制作出来，就有人会用”的想法其实并没有得到证实。还有另外一种想法：人们认为绩效表现或行为能够迅速（甚至在一瞬间）改变，因为课程内容是通过新技术手段实现的。重申一次，这不是真的！

如果你想将微学习项目继续下去，无论课程能否促进学习以帮助行为转变、绩效改进，能否实现项目最终目标，你都必须抓住评估的时机。但也不要忘记评估你的开发工作，因为这将有助于你的成功延续下去。

评估微学习的 6 个关键问题

为了开始评估工作，你需要制订一份全面的计划，包括如何设计流程、收集数据和总结成果。你可以通过询问一系列关键问题来开始评估进程，如人物（who）、事件（what）、原因（why）、时间（when）、地点（where）、方式（how）。这些问题与我们在第 3 章中提到的问题类似，可以帮助你厘清如何应用微学习。让我们以举例子的方式解释这个问题：某个合规管理部门有一套关键绩效指标，可以用来减少整个组织内与规范相关的问题。在这样的背景下，你需要问：

- **谁（人物）**：你要评估的人是谁？只评估学习者，还是评估学习者和他们的经理？是评估学习者和授课人，还是评估客户？
- **什么事（事件）**：你想特别了解哪些事情？要评估怎样的主题或行为？有哪些与规范相关的问题？你的微学习课程不可能覆盖规范类的每一个主题，只能帮助解决你希望减少的那一类问题。也许所有的主题都与报告类的合规性有关。在这种情况下，你需要知道：谁应该负责报告？为什么是他们负责报告？报告的内容是什么？何时报告？如何报告？
- **为什么（原因）**：你为什么要评估那些人？你希望了解、学习、确认哪些事项？这个“为什么”（原因）就是你想要或期望的结果。在我们的示例中，学习计划是针对合规管理部门的员工及其各自的工作角色和职位制订的。你可以从中得到不同的答案。报告不仅是每个人的职责，也是合规管理部门的责任，即了解哪些是有效的报告，哪些是需要报告的内容。
- **何时（时间）**：收集信息的最佳时机是何时？有时候收集信息是即时的，因为你不想错过学习者的真实反应、想法和建议。但有时稍后再收集数据更为重要，以便观察是否达成了既定的培训效果。例如，你希望在培训期间测试学习者对合规报告知识的掌握情况。但要想衡量培训是否改善了报告里与合规性相关的问题，还需要等一段时间才能评估，而且可能需要多次评估。你可以选择每隔 3 个月、6 个月、9 个月和 12 个月查看一次培训效果。

- **何地（地点）**：收集数据的理想地点是哪里？你可能会在生产现场观察，也可能会使用纸质表格或在线数据来调研。什么地点将有助于促进而不是妨碍数据的收集？
- **如何做（方式）**：你打算如何收集这些信息？可以借用文字或工具来收集你所需要的反馈信息，也可以使用一种或多种方式收集信息。例如，你可以使用合规性的季度报告收集一些数据，还可以向所有参与培训的学习者发放一份问卷，快速了解他们是否在该季度报告了合规性问题。

回答这些问题是开展评估工作的有效过程。唯一缺失的要素是评估模型。你需要参考某种思维模式来衡量微学习的有效性。我们建议使用该领域的一个著名模型：唐纳德·柯克帕特里克（Donald Kirkpatrick）的 4 级评估模型。这个模型实际上是在 20 世纪 50 年代由雷蒙德·卡策尔（Raymond Katzell）构思的，之后受到了柯克帕特里克的力推。

柯克帕特里克的 4 级评估模型

虽然柯克帕特里克的模型后来受到过抨击，但这个评估模型（受卡策尔研究的深远影响）已转变了业界对评估的看法。柯克帕特里克的 4 级评估模型有助于衡量学习产品的有效性。柯克帕特里克和他的儿子吉姆（Jim）、儿媳温蒂（Wendy），几十年来一直运用这个评估模型，帮助许多培训与发展方面的专业人士进行评估工作。

第一阶段评估，主要是以学习者的自我报告式的数据为主。这个模型会将评估过程拓展为 4 个阶段，侧重于培训活动对部门或组织产生的效果。表 8-1 是这 4 个阶段的概览。

现在，我们将评估计划的问题与 4 级评估模型结合来看，探讨如何将有效的评估计划付诸实践（见表 8-2）。

需要注意的是，表 8-1 是从确定要评估的内容开始的。这看上去是个常识问题，但由于人们对评估内容有着不同的期望，所以常常会将评估计划搁置。而将需要评估的内容记录在案，有助于确保每个人都关注着同一项评估内容。另外，需要注意的是，我们并不是评估培训本身，而是评估培训的结果，即培训报告的准确性。评估微学习的成效意味着衡量对企业来说重要的成果是什么。

表 8-1　4 级评估模型 4 个阶段的概览

评估阶段	描述	案例
1. 反应（reaction）	学习者在接受或参与培训后，对培训有何看法？ 学习内容的评估维度可以从学习者认为内容对自身的吸引力到学习节奏，到学习者是否认为学有所获，再到学习者是否认为学习资料易于理解	• 培训后调研 • 在“帮助页面”打分（这篇文章对自己有多大帮助） • 焦点小组讨论
2. 学习（learning）	学习者能否通过测试来展示自己习得的知识？ 评估学习者水平是整体学习计划的一部分，无论评估过程是在培训结束后，还是贯穿在整个培训过程中。这一评估可以确定学习者是否真正达成学习目标	• 多选题、是非题、填空题、小论文型的考试 • 评估准则（例如为一场演讲、一通销售电话或一次团队冲突处理打分） • 情景模拟（例如将飞机降落在水面上）
3. 行为（behavior）	在工作流程或工作表现中，是否有证据能够表明学习者已习得了所学的内容？ 当学习者通过测试后，此阶段的评估将衡量他们是否会在实践中应用已习得的信息。评估可能会在几天、几周甚至几个月之后才开展	• 对学习者进行调研（比第一阶段更加深入；这些问题有助于评估学习者对知识或技能的记忆情况，以及/或者对岗位技能的掌握程度） • 对学习者的上级进行调研 • 工作绩效评估 • 目测观察
4. 结果（results）	是否有证据表明，培训活动帮助学习者减少了目前存在的问题？ 就像一场严苛的考验，这是需要学习者跨越的最大障碍。这一层级的评估意味着培训课程正在影响着公司的核心	• 对比有关问题的基准数据与培训后的数据 • 个人绩效情况（年度绩效评估） • 其他已被公司认可为成功指标的标志

表 8-2　4 级评估模型的应用

要评估些什么	所提交合规性报告的类型、准确性与质量
为什么要评估这些内容？	• 有几个问题没有汇报，给组织带来了操作层面的问题 • 报告中缺乏细节，而这些细节描述有助于合规管理部门决定是否需要报告 • 经理与管理层并不总是知道如何帮助员工解决关于合规性的问题

阶段	评估对象（who）	评估地点（where）	评估时间（when）	评估方式（how）
1. 反应（reaction）	学习者	线上评估	每小节微学习课程之后	调研问卷，星级评分系统
2. 学习（learning）	学习者	线上评估	每节课期间（自查）及每节课后（掌握）	• 观看视频场景，完成多选题 • 在给定的场景下，完成报告中的角色扮演 • 根据合规性的基本概念，完成是非题和多选题
3. 行为（behavior）	学习者	线上评估	完成微学习主题学习后的 1 个月和 3 个月	• 调研问卷中使用“是 / 否”“喜欢程度”和开放式问题 • 关于微学习主题的主要目标，设置一些评估问题
	经理	线上评估	完成微学习主题学习后的 1 个月和 3 个月	• 调研问卷中使用“是 / 否”“填写数据”和开放式问题 • 季度所提交报告的上传选项 • 关于微学习主题的主要目标，设置一些评估问题
4. 投资回报率（ROI）	经理	线上评估	完成全部微学习课程后的 6 个月和 12 个月	• 与第三阶段的调研类似，但增加了额外的数据汇总形式

表 8-2 指出的是进行这些评估的原因。列出这张表的目的是明确为什么报告是不准确的，为什么有未报告的问题存在，以及为什么领导和管理层不总能知道如何帮助员工解决合规性问题。“为什么要评估这些内容？”一栏表示培训项目旨在解决的具体问题，同时也为评估圈定了一个范围。虽然可能有许多与合规性相关的问题，但评估计划通常只是用来解决一个问题的。

SWOT 分析模型和 4 大关键效率因素

上述评估模型中的每一个阶段都包含了特定的要素，如被评估的对象与评估时间。这些要素可能是关键性问题，因为一线经理可能并不想让员工脱产参与评估培训。如果可以向一线经理证明，大部分评估工作都将在线上进行，或能提供脱岗时间的具体安排，那么他们可能就会允许员工去参与评估培训了。需要强调的是，评估工作是个长期的过程，培训成效的评估是有时效性的，并不是评估一次就可以的。

你所设定的评估标准，会随着时间的推移以及所设定信息的不同而变化，所以在各个评估阶段得出的评估结果都会有所不同。建立一种长期有效的评估标准，可以帮助组织发现，有种种原因会使绩效结果在一年内的不同时段出现波动。影响原因有大有小，诸如，小到完成全年计划，大到业务合并，或者是介于两者之间（如空降一位副总裁来管理你所在的部门）。所以，深入了解能影响绩效结果的潜在原因，是个不错的想法。

表 8-2 的最后一列标明了评估方式。这一步有助于告知所有利益相关者，你将要采取哪些行动来评估微学习培训的成效，从而让每个人都参与进来。例如，如果一线经理或上级领导不接受调研的方式，那么最好在项目计划阶段，就能了解到这一点，而不是在调研执行过程中才知道此事。我们见过一个培训部门受到了严厉的批评，因为他们在未经公司副总裁批准的情况下，就展开了一项调研活动，而且没有意识到公司在此之前已经做过同类调研了。

你可以运用此类工作表计划并开展评估工作。另外，如果你不需要使用 4 级评估模型，那么还有其他评估模型可选，如威尔·塔尔海默的学习迁移评估模型（Learning-Transfer Evaluation Model），考夫曼（Kaufman）的培训五级评估模型（Five Levels of Evaluation），杰克·菲利普斯（Jack Phillips）与帕蒂·菲利普斯（Patti Phillips）关于投资回报率的方法论。

如果将精力集中在微学习内容能否积极影响学习者的学习、行为、绩效上，那么你会很容易忽略评估培训开发过程的有效性。那么，能否用相同的方法评估学习者的学习成效，以及培训开发过程的有效性呢？答案是既能，又不能。你可以计划运用同一套方法，在特定目标人群中收集信息，进而帮助推进规划并实施培训活动。但是，这可能过于烦琐，且注重细枝末节，有悖于本章的初衷。

你可以尝试一套与 4 级评估模型相似的方法：SWOT 分析模型。如何运用优势（strengths）、劣势（weaknesses）、机会（opportunities）、挑战（threats）4 个维度来评估培训开发过程？首先，SWOT 分析模型能帮助你迅速明确，在整个项目中，成功的要素（优势）是哪些，失败的要素（劣势）是哪些，需要合并重组的要素（机会）是哪些，以及需要去除的要素（挑战）是哪些。

本章探讨培训开发的评估要素，主要关注“如何在保证培训的有效性的同时更高效”。虽然你和其他相关人员可能希望了解其他评估要素，但大多数论点都源自这一关键问题。请注意，我们并不是想要把培训的有效性与培训开发的效率关联起来。从技术层面来说，它们并不相关。诚然，培训的低效可能与培训安排得不及时有关，也可能与培训团队人手不足有关。然而，这并不是培训有效性的问题，而是资源调配的问题。

不了解如何在组织中分配微学习的比重就部署微学习计划，这其实属于培训有效性问题。但即使培训效果不佳，也并不意味着整场培训是无效的。合理的教学设计原则仍然是适用的。归根结底，在微学习的培训开发过程中，培训团队不太可能故意阻碍学习者实现培训目标。所以，培训的有效性更可能会受到教学设计的影响。

现在来看一下如何使用 SWOT 分析模型来帮助培训团队开发一系列微学习课程，保证教学设计的规范性。我们可以从如下 4 个问题出发：

- 优势。在计划过程中，团队的最大优势是什么？
- 劣势。在实施计划过程中，团队有哪些劣势？
- 机会。在完成计划时，有哪些内部要素（优势）尚未得以运用？
- 挑战。有哪些外部要素（如果有的话）会影响到目前的计划或未来类似的计划？

通过回答这 4 个问题，微学习项目的评估分析结果可能会如图 8-1 所示。

当然，这可能并不详尽，却能很好地呈现如何将各分析维度与微学习计划的制订、实施相结合。既然已经在 SWOT 分析模型中列出了几乎所有信息，那么现在就可以审阅并修订可改进之处了。观察图 8-1 可以很容易地了解哪些方面是可以即刻优化改善的，如：

优势	劣势
• 员工都经验丰富，且熟悉课程内容 • 适用于中小企业 • 培训人员在工具和交付系统方面有经验	• 第一次制作微学习内容 • 开发课程的时间很仓促 • 开发课程内容的预算有限 • 在营销和分销方面，对所有员工的工作缺乏协调
机会	**挑战**
• 开发微学习地图 • 使用与学习发展相关的指南 • 运用项目中的基础数据（如重新设计培训项目所花费的时间）	• 仅仅执行 1 级评估工作 • 利益相关者不完全参与微学习培训 • 培训团队只设计了年度培训和入职培训 • 在年度务虚会上，衍生了对与该培训项目有关资源的诸多需求问题

图 8-1　用 SWOT 分析来评估

- 制定微学习策略（机会）；
- 运用当前广为接受的培训样式与模板（机会）；
- 制定营销与分销的时间表，明确学习者与管理者的角色定位（劣势）。

当然，还有一些并不急于改进但也可以逐渐完善的方面。如：

- 明确收集数据的时机，以及采集数据的方式（机会）；

- 制订评估计划，以管理对培训计划的预期（挑战）；
- 修改培训产品的维护周期（挑战）。

在所有可优化的方面，要根据你的实际预算和能力，考虑优化项目的优先级。统一运用当前广为接受的培训样式和模板，会是一个相对简单且高效的解决方案；而修改培训产品的维护周期，这项优化工作则可能更费精力。SWOT 分析模型能够帮助你梳理下一步计划的优先级。我们也见过很多培训开发组织在年终评估大会上使用 SWOT 分析模型来明确培训设计与开发方案，并梳理下一个财年计划和预算方案。

SWOT 分析模型有可能不适用于你的组织，无法满足评估培训开发效率的需求。那么你可以采取另一种替代方法来考虑 4 个关键效率因素：成本、资源、流程和可持续性。

- 成本：制造零件的成本、人员的管理费用，以及制造与维护设备的成本。
  - 这个项目的成本与其他项目的成本类似吗？
  - 在必须完成的项目中，是否有不可预见的成本？
- 资源：人员、设备、学习内容等。
  - 这些人是否有足够的能力和经验创建微学习项目？
  - 设备能否满足微学习开发需求和部署需求？

  * 学习内容是需要改写，还是从头开始编撰？
  * 是否有可以审核内容的专家？

- **流程**：培训团队内部、与培训相关的部门，以及跨部门合作、资源采购、获得审批等流程。
  * 团队是否必须采用特殊的培训开发流程？
  * 是由新的部门采用新的流程，还是由有不同需求（如市场营销）的同一部门采用新的流程？
  * 明确了新流程后，是否会使微学习计划进展得更加顺利？

- **可持续性**：基础设施、资源、成本等。
  * 组织是否拥有能够支持当前微学习解决方案的基础设施？
  * 培训开发团队是否拥有可支持微学习解决方案的现成基础设施？
  * 是否存在与支持当前解决方案相关的未确定成本？
  * 是否制订了评估计划以支持解决方案？

无论采取何种方式，你都要从评估的角度看待新的培训项目或者已经开始实施的项目。你可能发现自己的工作表现极佳，也可能发现自己没能充分利用资源。你的团队可能发现，比起传统的培训项目，他们能更快地开发微学习项目。我们还能从这些评估中看到其他重要因素，包括：

- 你在微学习评估过程中收集的数据并不能称为成果；

- 你需要针对新方法与受训的重点对象进行更多的介绍和交流，告诉他们为什么使用新方法，这将如何影响员工，以及这在日常工作中将会给他们怎样的帮助；
- 组织内期望绩效表现能够即刻得到提升；
- 如果预算没有考虑到管理成本、足够的员工或设备，就意味着当经费不足时无法达到培训预期的效果；
- 培训项目是否有对应的战略目标。

评估微学习的成效是很重要的，不仅是因为你应当去了解自己努力的成果，还因为高层管理人员也需要看到学习成果的佐证。遗憾的是，衡量微学习的有效性并非易事。你需要制订评估计划，然后依照计划进行评估。在本章中，我们介绍了如何创建微学习评估计划，讨论了需要了解的评估因素：人物、事件、地点、时间及方式，还明确了需要一个评估模型来指引整个评估过程。以上要素结合在一起，能够为你确定微学习项目影响组织的方式提供坚实的基础。

另外，我们还探讨了评估内容设计工作的必要性。如果没有自我反思这一步骤，你的努力就很可能偏离轨道或付诸东流。即使你有看似满满当当的日程安排，花点时间回顾自己的表现也不会有什么坏处。本章概述的步骤将为你提供一个框架，帮助你评估自己在微学习项目开发方面的效率。

微学习清单

Microlearning: Short and Sweet

1. 评估微学习的 6 个关键问题：人物（who）、事件（what）、原因（why）、时间（when）、地点（where）、方式（how）。
2. 柯克帕特里克的 4 级评估模型是可用于计划如何从学习者和相关人员那里收集信息的简便方法。

结 论

微学习的未来

Microlearning: Short and Sweet

微学习思考

- 你最大的收获是什么？开始创建微学习项目时，应当考虑什么因素？
- 为什么要将微学习作为教学工具的一部分？
- 微学习的未来是怎样的？

微学习或许是一个新理念，或许不是。提供简短而有意义的教学理念早已流行了几个世纪。然而，与以往不同的是，现在我们能通过无线技术或蜂窝技术将培训内容发送到员工或学生的智能手机中。如何运用可靠的教学设计技能，这一需求并没有消失，始终是一种刚需。

尽管微学习课程比其他教学方式简短，但微学习的最佳示例运用的仍然是经过时间考验的教学设计方法。在过去几年间，人们汲取知识的方式发生了变化，但这并不意味着学习的本质发生了转变。无论以怎样的方式获取信息，人们都会像祖辈那样进行学习。

所以，任何想要进行微学习设计的人，都需要了解是什么因素使得微学习课程如此吸引人，即那些易于交付和创建微学习项目的工具是什么。结合数百年来人们对“人是如何学习的”这课题的研究，将有利于把微学习融入整体学习过程中。毕竟，在不了解教学设计基础的情况下过快地开发微学习项目是极其危险的。

现在，让我们看看一家公司是如何将微学习的多个方面整合到一起，从而实现目标的。

Microlearning: Short and Sweet
微学习实践

派安盈公司的微学习实施案例

第三方跨境付款平台派安盈公司（Payoneer）的使命是“让业务超越国界、限制和预期”。这家公司的平台为数百万家小企业、市场和来自200多个国家和地区的企业简化了全球贸易的业务流程。派安盈公司平衡了技术、合规性和银行机构三者的关系，为客户提供一整套服务，包括跨境支付、营运资本、税收解决方案和风险管理。公司通过为新兴市场的创业者和世界领先的数字化品牌客户（如爱彼迎、亚马逊、谷歌和Upwork）提供服务来拓展用户群体，使全球贸易变得更便捷、更安全。

派安盈公司所面临的业务挑战就是他们的运作需要接受市场的严格监管，这也是他们选择微学习的主要原因。这就意味着公司分布在全球的350多名客服人员必须了解并遵守数百项持续变化的规章条例。例如，一家地方中央银行修改其规定，要求所有的汇款都附上客户的签字声明，那么客服人员不仅要知道这一点，还必须记得与转账相关的内容，并按照银行要求操作，否则他们自己和客户都将面临法律风险。对这些客服人员来说，在复杂的全球经济背景下，在一家快速发展的公司工作，要为客户提供各种各样的金融服务是极富挑战性又极其困难的。

最初，派安盈公司的客户服务部以每日面对面做简报的形式向客服代表传递重要的更新信息。管理人员在每次轮班开始之前，都会举行简报会来培训员工，并告知客服人员相关的流程、服务、法律和法规的变更情况。然而，随着派安盈公司客户服务部从只有一间运营办公室扩展为一个全天候运营的全球化团队，要为客户提供 7×24 小时的服务，这种运营方式便难以维持。

为了解决这些困难，派安盈公司应用了微学习作为解决方案。这家公司有几个设计顾虑：公司的培训系统需要具备能够容易且快速地创建培训内容这一功能；需要提供模板，允许在现有内容的基础上进行调整和重复使用，从而可以快速发布更新；需要拥有将全球不同地区的内容快速地进行本地化处理的能力；管理员还需要有在不同时间向不同客服人员发送特定内容的权限，并根据客服人员的资料创建不同的培训节奏，以保证他们所接收的信息都与自己的工作内容相关。

虽然当时派安盈公司已经有了一款学习管理系统，但其功能设计更多地适用于长期课程、留存记录和学习认证，所以并不能够满足上述学习需求。

还有一个顾虑就是学习动机。派安盈公司大多数的客服人员都比较年轻，习惯于快速反馈的节奏和极富吸引力的培训内容。如果不引入参与机制，学习发展团队担心每日的培训课程将会流于形式——员工只是为了完成培训，而不是真正地去学习，去记忆知识点。这可能会导致员工延后完成课后测试，课后测试的通过率也会较低。所以，派安盈公司决定用游戏化的设计方式来解决员工培训参与度的问题。

学习发展团队决定双管齐下：创建微学习每日突发要闻推送和微学习游戏化平台。为创建微学习要闻推送，学习发展部门需要从各个不同的部门（包括法律部、产品部、信贷合规部）收集信息并更新要闻。信息通常是几段文字，用以解释更新后的法规及其影响。之后会伴随信息检索练习（一个小测验），以确保员工不是随便点击了几下屏幕而已，而是记忆了相关知识点。派安盈公司每天都会将这些微学习模块内容发送给全球所有员工。

公司还与一家名为 Gameffective 的平台供应商合作，这个平台提供游戏化微学习和绩效表现追踪的服务。虽然组织内部也可以采取类似的方式，但与供应商合作的好处在于，他们在帮助其他公司和不同文化实施微学习项目的过程中积累了丰富的经验，这将有助于微学习计划获得成功。

通过 Gameffective 提供的平台，员工可以通过赢得积分获得即时反馈与认可，在完成学习任务和通过课后测试时，还能获得徽章。每名员工的控制面板上都有赛车主题的设计，他们在赛道上你追我赶。员工可以在完成学习任务后查看各自的进度。

员工能够通过晋级获得徽章，从而建立起个人在组织内的社会地位，并展现自身的业务水平。这些活动提高了员工满意度，也提升了项目整体参与度。派安盈公司计划在公司公共区域的电视屏幕上投放赛事进度和排行榜，鼓励员工用游戏积分兑换奖品，从而进一步提升项目参与度。

与此同时，派安盈公司也希望管理者和领导者能够跟踪监管整个微学习进程。于是经理和组长们开通了附有各种工具包的控制面板权限，用以跟踪查看团队项目的实施进度，以及员工的知识掌握水平和绩效表现。基于上述情况，团队领导可以为员工提供相应的指导。管理者也能看到员工对培训项目的理解和应用的过程。所有这些都能保障学习项目得以持续优化，并有助于随时发现潜在的合规性问题。

这些结果能够推动项目取得成功。几乎从一开始，派安盈公司就从这种微学习与游戏化结合的方式中受益。现在，公司能够比以往更快、更精准地推送更新信息。另外，全新学习内容的开发和培训时间也缩短了一半以上。在此之前，设计学习内容并在多个模块之间推送更新，往往需要耗费几个小时，而现在，通过搭载微学习和游戏化平台，只需要几分钟就能完成大部分工作。

此外，派安盈公司还发现，员工课后测试的得分和对培训要求的遵守情况有了实质性的改善。大约有 9% 的员工每天会登录系统完成学习任务，他们的成功率也提高了 8%（从 82% 提高到 90%）。应当指出的是，强制化的培训本就是课程高完成率和高成功率的根本原因。所以，这也意味着这个微学习项目将原本已经很高的参与率和成功率推向更高的水平。

这种影响不但体现在课后的即时评估方面，而且可以持续较长一段时间。派安盈公司的学习发展团队每季度开展一次质量评估工作，评估员工对整个季度所覆盖的各个主题内容的知识掌握情况。他们发现，自这个方案实施以来，评估结果有了实质性的改善。

最后，最重要的一点可能是，员工报告结果表明，他们对学习发展团队和新的学习方式满意度更高，对学习系统的总体满意度提升了 16%。员工不仅在学习方面取得了成功，也更加投入并专注于这个项目，从而使项目整体的满意度和成功率得到提升。

由于微学习和游戏化平台的成功，派安盈公司客户服务部的开发和质量经理尼欧米·罗斯尼（Neomie Rothnie）表示：“我们已经将这个方法推广到组织内更多的部门，并希望整合更多的游戏化功能，从而提高员工参加学习项目的积极性与投入度。”没有什么比这更能体现派安盈公司对微学习的支持和认可了。

实际情况的考量

派安盈公司的案例研究展现了如何运用本书中的概念使你的微学习活动取得成功。我们试图在本书中总结足够多的信息，为你的成功起步打下坚实的基础。

我们定义了微学习，并强调不应该人为地限制微学习的时间。但我们也基于现有的研究告诉过你，微学习的视频时间控制在 5 ～ 6 分钟比较好。

自始至终，我们都在努力找到理论与实践结合的两全之法。学术界认为，微学习不应受时间限制，应该更关注学习成果。但当你开始实践，并且你的经理希望你在下周一前完成微学习课表时，我们为你提供的关于微学习合理时长的指导意见，一定是有益且实用的。

严谨的研究人员可能会说："这尚无定论。人们并不知道微学习的准确时长是 4.5 分钟、4.8 分钟还是 3.25 分钟。"是的，我们也不知道。但我们知道的是，如果不涉及微学习的开发和实施方面，时间的长短就没什么意义。所以我们提供了一些指导意见来帮助你做出明智的决定。请运用本书中的信息，为微学习的实施做出正确的决策。

微学习界定

我们认为，判断微学习用途的一个有用的方法是套用框架，这个框架对不同的微学习应用类型进行了区分。在本书中，我们提到了微学习的 6 种应用类型。你可以借用这个框架来思考微学习如何对你的现状有所助益，同时也有助于你的团队在同一频道上讨论微学习项目。在此，我们重申一遍重点内容：

- **反思型。**运用这种类型的微学习教学，要求学习者反思某个想法、情境或学习任务。其目的是让学习者通过反思的形式，深入思考或集思广益。
- **行为表现型。**运用这种类型的微学习教学，是为了帮助学习者完成当前任务。所以它也被认为是即时学习或按需学习。如果你曾经通过观看操作步骤的视频完成了某项事务，那么就说明你体验过行为表现型的微学习教学。
- **说服型。**运用这种类型的微学习教学，是为了改变学习者行为。这种类型的微学习教学能够温和地提示学习者他们的目标，并提醒他们采取行动，这些都是以学习者具体的行为习惯为关注重点的。
- **课后型。**这种类型的微学习教学，主要是作为大型教学活动（如研讨会或大型会议）的后续行动计划，具有一定的针对性；涵盖各种小贴士和小测验，内容通常与大型教学活动主题中的关键性内容相关。
- **实践型。**运用这种类型的微学习教学，既可以提醒学习者进行实操练习，又可以作为私人教练，帮助学习者磨炼技能。手机上的语言类应用程序就是一个很好的例子。你会收到各种提醒、小贴士和练习机会，所有这些手段都是为了帮助你学会一门外语而设计的。

- **筹备型。**运用这种类型的微学习教学是为了设置一系列的学习活动，从而为更大型的学习活动做准备，例如网络研讨会或全天候课程。学习内容可能是在原有内容的基础上进行更新，也可能是全新的常规性内容。

微学习的理论基础

良好的教学设计对在任何学习环境（无论是政府还是非营利机构，学术界还是公司企业）下成功实施微学习计划而言，都是至关重要的。你需要运用以下方法获得成功：

- 学习理论是各种范例，提供了关于如何获取知识、如何记忆知识、如何检索回忆的观点。我们还介绍了一些（与微学习相关的）理论信息，主要涉及行为主义、认知主义、建构主义和联通主义。
- 学习范畴包含了我们所获得的知识、技巧和行为。我们介绍的是更广泛的概念，所探讨的学习范畴包括认知范畴、态度范畴和技巧范畴。

在学习方式和学习内容的基础知识之上，我们为微学习设计提供了有效的方式。你不需要每次都运用到微学习的每一个方面，甚至不需要将你的微学习活动归属到某一个理论或范畴。但从教学的角度来看，理解不同的可行方案是很有帮助的。

最终，当你开发微学习或者其他任何学习方案时，我们希望这些学习理论和范畴能够不经意地得到体现。重申一下，微学习并不与其他学习类型完全相左，它只是众多可使用的学习方法之一。

实证研究作为微学习的基础

一旦理论到位，推动科学发展的下一步就是实证研究。在过去数百年间，已经出现了数百项关于微学习要素的研究。从艾宾浩斯的早期工作和他对遗忘曲线的研究，到间隔效应和测试效应的研究，都清楚地表明这些技巧对增强记忆甚至改变行为的作用是显而易见的。

尽管从微学习的研究角度来看，我们对微学习的作用还没有最终的定论，但很显然，微学习能够成为现代学习者的一大助力。教学设计人员也可以将在本书中所学的知识与企业文化和交付方式充分结合。

我们不能止步于现有的研究结果而忽略任何新的研究。既然致力于成为专业人士，那么就必须不断地去收集关于微学习的新研究、新发现。尽管有时候很难了解最新的研究成果，但任何课题的科学研究都不是一成不变的。随着对微学习不断地进行研究和探索，我们终将发现新的观点，明确新的发展方向。

你的微学习策略是什么

不只有微学习，实际上任何类型的组织学习模式都需要以组织策略为基准，帮助员工学习和成长。想要成为一门新语言的学习者，可能是一名员工或一位志愿者，甚至是一个付费客户。但无论如何，若想将微学习纳入组织学习进程中，就需要有微学习策略。

我们在本书中用一小部分描述了微学习策略的考量因素，从学习者动机到技术手段，再到正式 / 非正式学习方式。与所有其他工作一样，你需要制定策略并开展计划。虽然这并不意味着实施过程中不会发生变化，但确实意味着你已经做好了应对变化的准备。当变化来临时，你会立刻意识到这一点。

我们还介绍了有关微学习规划与实施的信息，以及应该考虑的因素，如从如何衡量风险到减少潜在危机。我们的目标是帮助你在开展微学习活动之前，系统地思考整个微学习进程。有人主张在紧急情况下或短期内应用微学习，但这种论调是有争议的。如果没有一份整体战略和实施计划，那么对学习者（以及培训开发人员）来说，微学习可能会沦为他们需要完成的“另一项事务性工作”。

创建微学习

创建微学习内容的关键是简洁。正如我们在前面提到的，在卡尔上大学期间，他的祖母给他寄了一封长信并以这句话作为信的开头：“我没有时间给你写一封简短的信件，所以我写了一封长信。”当时，卡尔并不明白这是什么意思，写一封长信不是会花费更多时间吗？

随着年龄的增长，卡尔发现简洁并不意味着速度就快。实际上，要创建简洁、构思完善的信息内容，往往比写一份冗长且漫无目的的信息内容要花费更多的时间。如果你想创建真正高效的微学习内容，就必须保证内容的简洁、直接，并重点关注你所期望的教学成果。

在第 7 章中，我们探讨了让你的写作内容简洁又明了的方法，还提到了一些微学习设计的理念。每一个课题都涉及数十本书。尽管我们没有对这些主题进行全面的探讨，但我们已经提供了足够多的入门信息。所以，如果这是你读到的关于微学习主题的全部内容（虽然我们不建议这样），那么你应该在微学习制作方面做得还不错。

在你使用了指导原则来提升技能并进入实施阶段后，我们也希望你能创建一些微学习片段，找到创建过程中存在的不足并加以弥补。为了持续地创建高效的微学习项目，你需要不断学习新的技术，运用新的工具。科学技术和方法论永远不会停滞不前，你也一样。

评估微学习

在如今这个数据驱动型的社会中，我们没有理由忽略评估阶段。创建任何教学项目时，你都希望知道它是否有效。微学习也是如此。这并不意味着你需要评估每一个微学习环节，但你确实需要全面评估很多微学习产品，从而确保这些产品实际上取得了理想的效果。

评估微学习项目既需要站在较高的维度，如“项目整体策略是否有效”，也需要站在个人学习需求的维度，如“这个微学习片段实际上是在教授学习者所需的内容吗？学习者是在学习吗”。你应该在学习项目启动前就考虑开展微学习评估，而不是在项目启动之后。正如我们在第 8 章所说，请花点时间审视你的学习目标，并制订一份评估计划。如果你想知道自己努力的成果如何，那么就可以借此机会，适当地对微学习项目进行修改、调整或自我肯定。

微学习的未来发展

如果本书中没有任何关于未来发展的结论或推测，那么它就是不完整的。根据我们的研究，微学习显然不会在未来消失，而且一个很明显的趋势是，如今出现了越来越多的服务于微学习的科技手段。

我们已经见识过使用虚拟现实（Virtual Reality，VR）技术开展微学习活动的实例。VR 是一种可以通过头戴式眼镜进行访问的技术。学习者戴上 VR 眼镜后，可以立即被传送到逼真的 3D 环境中。由于 VR 眼镜会跟着头部一起运动，所以学习者眼前所见的环境的图像会使他们感觉身临其境。

在一则运用 VR 技术开展微学习活动的实例中，一家公司的副总裁录制了关于如何回应组织内容出现的公司级问题，而不是部门级的特定问题。这段录音时长 3 ～ 4 分钟，其中包括两方面内容：管理者如何解决问题；高级经理如何自行决策或邀请员工一起做出决策。接着，公司为高级经理们建立了一处虚拟空间，这样既能让他们“逃离现状”，独自一人好好想问题，也能让他们置身于虚拟场景中，进行换位思考。在虚拟现实里，这种“逃离”场景就如同一对一的会议形式。由于时间较短，高级经理们更倾向于采用这种形式。这个组织之所以使用 VR 技术，是因为公司希望高级经理能够有沉浸式体验和情境化的感受，从而营造出管理人员日常的工作环境和氛围。这项 VR 微学习试点实验非常成功，公司目前正在拓展这项活动。这只是微学习与其他技术相结合的案例之一。

微学习的另一个拓展领域是增强现实（Augmented Reality，AR）技术，即通过某种技术将图片或文字在现实场景中呈现，且学习者可以与其互动。一个很好的例子是精灵宝可梦游戏（Pokémon GO Game）。游戏玩家举起手机就能在自家前院“看到”神奇宝贝，尽管它们并不是真的在那里。另一个很好的例子是汽车的平视显示器（heads up display，也称抬头显示器），这种显示器能够直接在挡风玻璃上投射转弯等指令。此类技术若与微学习相结合，应用效果会非常令人期待，特别是在行为表现领域，因为它可以分步骤进行说明。如今，这类技术正朝着嵌入日常佩戴眼镜的方向发展，在未来可能被更多人使用。

VR 和 AR 技术只是微学习与新兴科技结合的两个例子。我们确信未来将会有更多新技术、微学习设计标准、教学基础与微学习相结合的例子。

微学习清单

Microlearning: Short and Sweet

1. 尽管我们在本书中已经介绍了很多内容，但如果没有你的参与，就毫无意义。你现在已经了解使微学习项目获得成功所需的工具和技巧，但这并不是微学习之旅的终点，而是你学习的起点。下一步就看你怎么做了。

- 将你的所学应用到组织中去；
- 为你的微学习项目制订计划并加以实施；
- 设计引人入胜且令人惊喜的微学习产品，重点关注预期的学习成果。

致谢

卡尔：所有的成就都是建立在前人的基础上。本着这种精神，我要感谢那些在微学习领域从事研究并发表大量研究成果的先驱者，是他们成就了这个领域，也启迪了我关于微学习理念的一些思考。他们是卡拉·托格森、JD·狄龙、香农·蒂普顿、威尔·塔尔海默和克拉克·奎恩（Clark Quinn）。我可能还遗漏了一些人，在此也要感谢他们的付出。另外，要感谢蒂姆·维科斯特罗姆（Tim Wikstrom）提供了关于 Presentr 的案例，感谢狄龙提供了 Axonify 公司的案例，同时还要感谢乔丹·弗拉德尔（Jordan Fladell）提供了关于 mLevel 微学习项目的信息。感谢克拉克·奥尔德里奇的高瞻远瞩，感谢他在短期模拟人生方面的前沿研究。我十分欣赏 Gameffective 的项目，它为我们提供了很好的示例。感谢塔尔·瓦勒（Tal Valler），我和他几乎每天都会探讨微学习和某种形式的游戏化项目。另外，向 iLookout 这个优秀的团队致敬，他们目前正在采取一种智能化且有意义的方式来实现微学习。

特别感谢克里斯廷·吕克尔（Kristine Luecker）促成这本书的出版。感谢杰克·哈洛（Jack Harlow）精心完成本书的编纂工作，感谢贾斯廷·布鲁西诺（Justin Brusino）在学习发展领域对各种奇思妙想一如既往地支持（至少他总是愿意聆听我的疯狂想法），并且感谢梅丽莎·琼斯（Melissa Jones）帮助我们润色文章。

感谢我的妻子南希（Nancy），她简直无可挑剔。感谢我珍爱的两个儿子内特（Nate）和尼克（Nick）。感谢我的母亲，是她教会我热爱学习。感谢我已故的父亲，是他教会了我努力的意义。

我还想感谢布卢姆斯堡大学的各位同仁，以及我们学院的院长。能和那么棒的教员、职工和管理人员一起工作，夫复何求！特别感谢参与这个项目的学生，我很荣幸与我教过的学生合作，他们也教会了我很多。教学就是这样一条神奇的双行道。

最后，我非常感谢罗宾。即使在逆境中，她也能积极完成工作。她勤奋卓越，能力出众。她既是我的学生，也是我的同事，更是我的朋友，认识她是我的荣幸。谢谢罗宾。

罗宾：同卡尔一样，我也想向前人的研究表示敬意。比如泰米尔·阿里（Tamer Ali）对 ASCME 案例的研究；埃米·卢米斯（Amy Loomis）对微学习和数字化教学环境的独到见解。

还要感谢 ATD 出版社的小伙伴们，比如我们的编辑杰克·哈洛。衷心感谢并敬佩杰克对微学习这一主题的热忱之心，他与我们通力合作，打造了这本书。与卡尔一样，我也十分感谢贾斯廷。感谢他肯定我对于数据的热情，并理解我想要分享该领域的实践经验的心情。

其实，我不仅在布卢姆斯堡大学就职，还在印第安纳大学工作。这两所教育机构是我职业生涯和个人成长阶段的重要组成部分。此外，我对微学习这一领域的兴趣，起源于拉萨尔大学（LaSalle University），我的教学方法在那里得到印证。

从更私人的角度来说，我最想感谢的是我的家人和朋友们：肖恩（Sean）、萨莉（Sally）、我故去的父亲、我的母亲、杰米（Jamie）、克里斯塔（Krista）、文尼（Vinny）、布里特妮（Brittney）、PJ、卡拉（Carla）、隆妮（Lonny）、梅雷狄思（Meredith）。谢谢你们的大力支持与鼓励！还要感谢梅西（Macy）、哈温（Javin）、亚历克（Alec）、兰登（Landyn）、卡门（Carmen）、莱维（Levi）、迈克尔（Michael）和马维里克（Maveryk）。你们就像我生命中的微学习课程一样，我享受你们带给我的每一秒启迪时刻。

更棒的是，在这个小圈子中的微妙联系，能督促我不断努力，实现梦想！他们为我做了许多，主要体现在两个方面：他们心甘情愿（大多数情况下）地聆听我愚蠢的想法，而在我心存疑虑的时候，鼓励我继续前行。

没人能像卡尔那般，真正说服在我内心深处藏着的 4 岁孩童——每天都要问关于学习与发展领域的“十万个为什么”。我很喜欢我们在大学期间的研究。能为卡尔的课程出一分力，成就彼此的职业梦想，是我的荣幸。谢谢你愿意聆听我疯狂的想法。万分感谢！

未来，属于终身学习者

我这辈子遇到的聪明人（来自各行各业的聪明人）没有不每天阅读的——没有，一个都没有。巴菲特读书之多，我读书之多，可能会让你感到吃惊。孩子们都笑话我。他们觉得我是一本长了两条腿的书。

——查理·芒格

互联网改变了信息连接的方式；指数型技术在迅速颠覆着现有的商业世界；人工智能已经开始抢占人类的工作岗位……

未来，到底需要什么样的人才？

改变命运唯一的策略是你要变成终身学习者。未来世界将不再需要单一的技能型人才，而是需要具备完善的知识结构、极强逻辑思考力和高感知力的复合型人才。优秀的人往往通过阅读建立足够强大的抽象思维能力，获得异于众人的思考和整合能力。未来，将属于终身学习者！而阅读必定和终身学习形影不离。

很多人读书，追求的是干货，寻求的是立刻行之有效的解决方案。其实这是一种留在舒适区的阅读方法。在这个充满不确定性的年代，答案不会简单地出现在书里，因为生活根本就没有标准确切的答案，你也不能期望过去的经验能解决未来的问题。

湛庐阅读App：与最聪明的人共同进化

有人常常把成本支出的焦点放在书价上，把读完一本书当作阅读的终结。其实不然。

时间是读者付出的最大阅读成本
怎么读是读者面临的最大阅读障碍
“读书破万卷”不仅仅在“万”，更重要的是在“破”！

现在，我们构建了全新的“湛庐阅读”App。它将成为你“破万卷”的新居所。在这里：

- 不用考虑读什么，你可以便捷找到纸书、有声书和各种声音产品；
- 你可以学会怎么读，你将发现集泛读、通读、精读于一体的阅读解决方案；
- 你会与作者、译者、专家、推荐人和阅读教练相遇，他们是优质思想的发源地；
- 你会与优秀的读者和终身学习者为伍，他们对阅读和学习有着持久的热情和源源不绝的内驱力。

从单一到复合，从知道到精通，从理解到创造，湛庐希望建立一个“与最聪明的人共同进化”的社区，成为人类先进思想交汇的聚集地，与你共同迎接未来。

与此同时，我们希望能够重新定义你的学习场景，让你随时随地收获有内容、有价值的思想，通过阅读实现终身学习。这是我们的使命和价值。

湛庐阅读App玩转指南

湛庐阅读App结构图：

三步玩转湛庐阅读App：

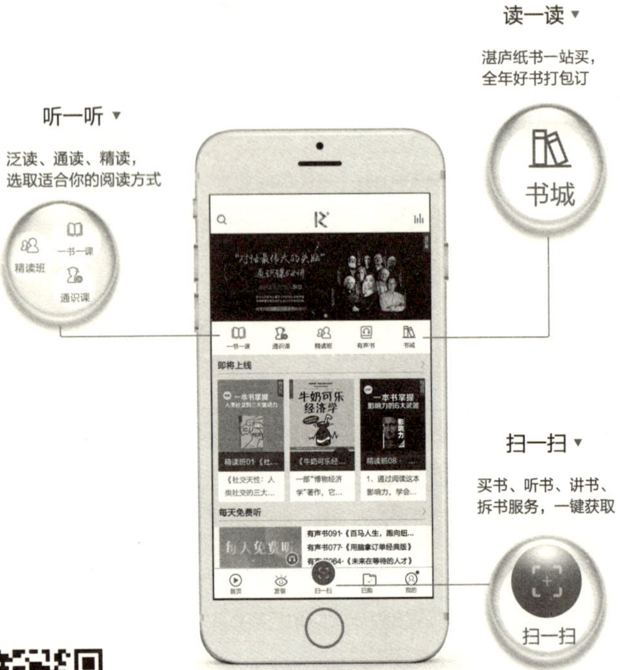

App获取方式：

安卓用户前往各大应用市场、苹果用户前往App Store直接下载“湛庐阅读”App，与最聪明的人共同进化！

使用App扫一扫功能，遇见书里书外更大的世界！

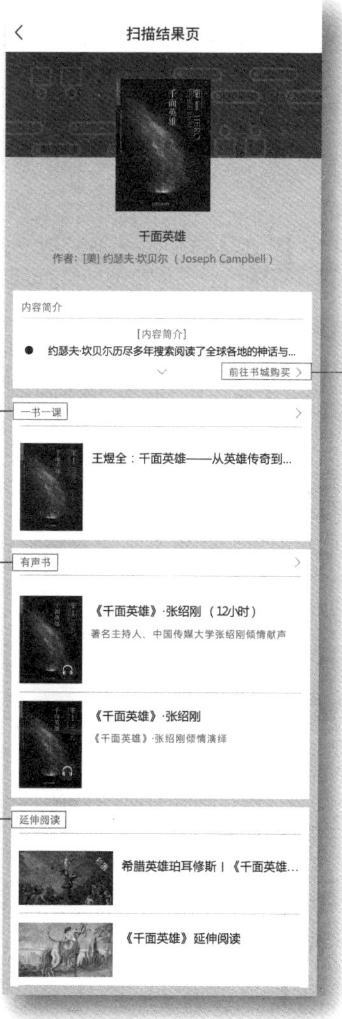

快速了解本书内容，
湛庐千册图书一键购买！

大咖优质课、
献声朗读全本一键了解，
为你读书、讲书、拆书！

你想知道的彩蛋
和本书更多知识、资讯，
尽在延伸阅读！

湛庐CHEERS

延伸阅读

《学习的升级》

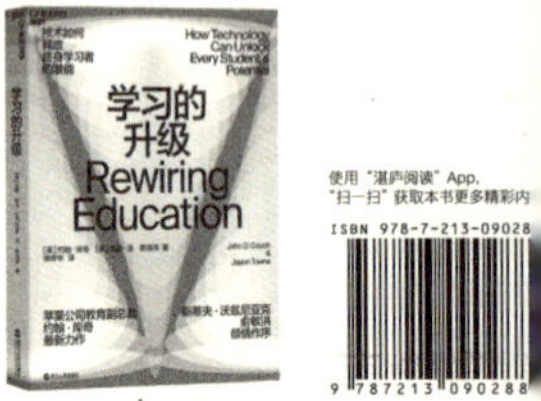

◎ “技术解锁教育”开山之作，苹果公司首任教育副总裁约翰·库奇巨献！

◎ 颠覆传统教育，掌握未来学习 3 要素 + 9 大技术，用技术释放终身学习者的潜能。

《学习场景的革命》

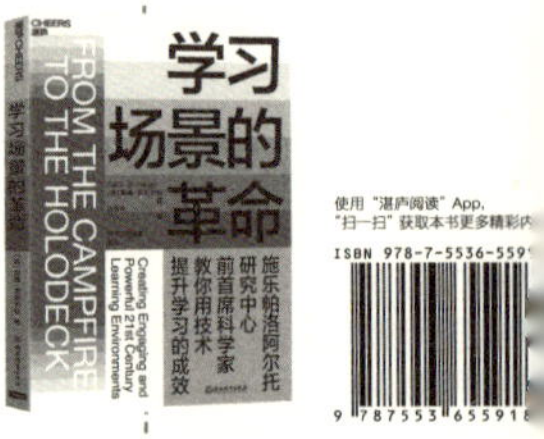

◎ “技术解锁教育”第二部！施乐帕洛阿尔托研究中心前首席科学家教你用技术提升学习的成效！

◎ 利用编程、3D 打印机、机器人等技术升级 4 大学习场景，应对技术革命对教育结构提出的新要求。

《智能学习的未来》

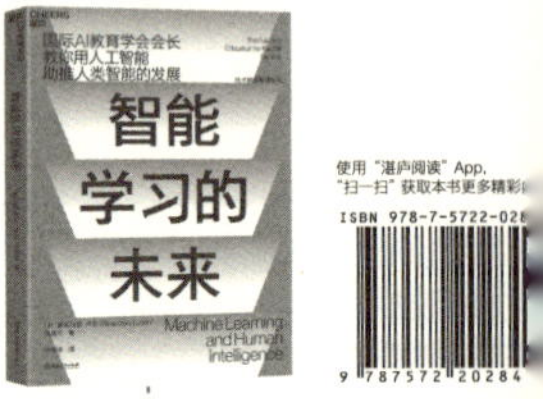

◎ “技术解锁教育”第三部！国际 AI 教育学会会长教你如何用人工智能助推人类智能的发展！

◎ 重新定义了人类智能，详解了人类的 7 大核心智能。

《远见》

◎ 来自奥美首席人才官 30 多年的职场洞察，3 大职场燃料，4 大黄金问题，5 个关键数字，100 小时测试，带你用远见思维规划职业生涯的 3 大阶段。

◎ 傅盛、刘惠璞、杨石头等激赏推荐！

图书在版编目（CIP）数据

这就是微学习 / (美) 卡尔·卡普 (Karl M. Kapp) , (美) 罗宾·德费利斯 (Robyn A. Defelice) 著 ; 钱思玎译. -- 杭州 : 浙江教育出版社, 2021.1
书名原文: Microlearning
ISBN 978-7-5722-1072-3

Ⅰ. ①这… Ⅱ. ①卡… ②罗… ③钱… Ⅲ. ①学习方法 Ⅳ. ①G442

中国版本图书馆CIP数据核字(2020)第235911号

浙江省版权局
著作权合同登记号
图字:11-2020-305号

上架指导：企业管理 / 管理培训

本书法律顾问 北京市盈科律师事务所 崔爽律师
张雅琴律师

这就是微学习
ZHE JIUSHI WEIXUEXI

[美] 卡尔·卡普（Karl M. Kapp） 罗宾·德费利斯（Robyn A. Defelice） 著
钱思玎 译

责任编辑：李 剑
美术编辑：韩 波
封面设计：ablackcover.com
责任校对：刘晋苏
责任印务：曹雨辰
出版发行：浙江教育出版社（杭州市天目山路 40 号 电话：0571-85170300-80928）
印 刷：北京盛通印刷股份有限公司
开 本：880mm ×1230mm 1/32
印 张：7.375 **字 数：**151 千字
版 次：2021 年 1 月第 1 版 **印 次：**2021 年 1 月第 1 次印刷
书 号：ISBN 978-7-5722-1072-3 **定 价：**69.90 元

如发现印装质量问题，影响阅读，请致电 010-56676359 联系调换。